高校足球
实用技战术教学与训练研究
GAOXIAO ZUQIU SHIYONG JIZHANSHU JIAOXUE YU XUNLIAN YANJIU

李亮 著

中国书籍出版社
China Book Press

图书在版编目(CIP)数据

高校足球实用技战术教学与训练研究/李亮著.--
北京:中国书籍出版社,2013.6
ISBN 978-7-5068-3570-1

Ⅰ.①高… Ⅱ.①李… Ⅲ.①足球运动－运动训练－
教学研究－高等学校 Ⅳ.①G843.2

中国版本图书馆 CIP 数据核字(2013)第 139153 号

高校足球实用技战术教学与训练研究

李 亮 著

丛书策划	谭 鹏 武 斌
责任编辑	牛 超
责任印制	孙马飞 张智勇
封面设计	马静静
出版发行	中国书籍出版社
地 址	北京市丰台区三路居路 97 号(邮编:100073)
电 话	(010)52257143(总编室) (010)52257153(发行部)
电子邮箱	chinabp@vip.sina.com
经 销	全国新华书店
印 刷	北京市登峰印刷厂
开 本	710 毫米×1000 毫米 1/16
印 张	12
字 数	230 千字
版 次	2014 年 2 月第 1 版 2014 年 2 月第 1 次印刷
书 号	ISBN 978-7-5068-3570-1
定 价	45.00 元

版权所有 翻印必究

前　言

作为"世界第一运动",足球有着广泛的群众基础,深受大学生的欢迎和喜爱。大学生通过学习和掌握足球技战术,不仅可以增强体质,而且可以促进学生德、智、体素质的全面发展。因此,对高校足球运动实用技战术的教学与训练进行分析和研究,为当今高校足球运动发展的重要内容。

与发展迅速的职业足球相比,我国高校足球运动的发展还相对滞后,各学校足球运动发展存在着很大的差异。有些高校足球运动在发展过程中出现了很多问题,如教学观念落后、教学内容单一、训练方法陈旧等。这些问题的存在严重影响了高校足球运动的快速发展,阻碍了学生在足球教学与训练中水平的提高。因而为了足球运动在高校中得到更好地发展,根据高校大学生足球运动教学与训练的需要,结合目前我国高校足球技战术发展的现状,撰写了《高校足球实用技战术教学与训练研究》一书。

本书汲取了许多国内外专家和学者在高校足球教学与训练方面的经验和成果,并在此基础上进行了全面、细致的分析和研究,以推动我国高校足球运动技战术教学与训练的进一步开展。全书共分八章。第一章是高校足球运动概述,主要包括足球运动的起源与发展、特点与价值以及教学与训练现状三个方面;第二章、第三章分别讨论了高校足球运动教学和高校足球运动训练的基本理论;第四章、第五章主要从高校足球实用技战术教学与训练出发,对高校足球运动技术和战术的基本理论、教学和训练实践等作了详细阐述;第六章论述了高校足球基本素质训练,主要包括体能素质训练和心理素质训练两大部分;第七章主要对高校足球教学与训练的卫生保健进行分析,为高校学生进行足球科学训练提供必要的医务和营养知识;第八章对高校足球教学与训练的科学评价进行了研究,主要分析了高校足球教学与训练的身体素质评价、技术评价和自我评价。

本书内容丰富、全面,结构严谨、合理,注重理论与实践相结合,有较强的实用性;另外,图文并茂,便于学生理解和参与实践。总的来说,本书对高校足球运动技战术教学与训练的开展具有很高的理论与实用价值。

本书在撰写过程中,参考了有关专家和学者的研究成果,在此衷心地表示感谢。由于作者经验和水平有限,书中难免存在欠妥或不足之处,敬请广大读者批评指正。

作　者

2013 年 5 月

目 录

第一章 高校足球运动概述 ………………………………………… 1
 第一节 足球运动的起源与发展 …………………………………… 1
 第二节 足球运动的特点与价值 …………………………………… 4
 第三节 高校足球运动教学与训练现状 …………………………… 7

第二章 高校足球教学的基本理论 ………………………………… 14
 第一节 高校足球教学的任务与要求 ……………………………… 14
 第二节 高校足球教学的原则与方法 ……………………………… 21
 第三节 高校足球教学课的组织实施 ……………………………… 27
 第四节 现代教育理念在高校足球教学中的运用 ………………… 32

第三章 高校足球训练的基本理论 ………………………………… 38
 第一节 高校足球训练的原则与方法 ……………………………… 38
 第二节 高校足球训练的负荷安排 ………………………………… 48
 第三节 高校足球训练计划的制订 ………………………………… 52

第四章 高校足球实用技术教学与训练 …………………………… 60
 第一节 足球运动技术的基本理论 ………………………………… 60
 第二节 高校足球实用技术的教学 ………………………………… 65
 第三节 高校足球实用技术的训练 ………………………………… 85

第五章 高校足球实用战术教学与训练 …………………………… 92
 第一节 足球运动战术的基本理论 ………………………………… 92
 第二节 高校足球实用战术的教学 ………………………………… 98
 第三节 高校足球实用战术的训练 ………………………………… 114

· 1 ·

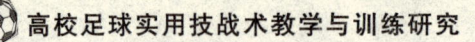

第六章 高校足球基本素质训练 ……………………………………………… 119
第一节 高校足球体能素质训练 …………………………………… 119
第二节 高校足球心理素质训练 …………………………………… 132

第七章 高校足球教学与训练的卫生保健 ………………………………… 137
第一节 运动性疲劳的判断与消除 ………………………………… 137
第二节 运动性伤病的预防与处理 ………………………………… 142
第三节 运动营养的消耗与补充 …………………………………… 157

第八章 高校足球教学与训练的科学评价 ………………………………… 163
第一节 高校足球教学与训练的身体素质评价 …………………… 163
第二节 高校足球教学与训练的技术评价 ………………………… 169
第三节 高校足球教学与训练的自我评价 ………………………… 178

参考文献 …………………………………………………………………… 185
索引 ………………………………………………………………………… 186

第一章 高校足球运动概述

足球运动是世界上开展最广泛、影响最大的体育运动项目,被誉为"世界第一运动",深受世界各国人民的喜爱。足球运动作为高校体育教学的重要内容,受到广大在校学生的欢迎。本章主要对高校足球运动进行概述,包括足球运动的起源与发展、特点与价值以及高校足球运动教学与训练现状三方面内容。

第一节 足球运动的起源与发展

一、足球运动的起源

足球运动有着悠久的历史。前任国际足联主席阿维兰热 1985 年在北京举办的首届柯达杯 16 岁以下国际足联世界少年足球锦标赛开幕式讲话时说:"足球起源于中国。"2004 年国际足联正式颁布的文件中对此进行了确认。足球运动虽说起源于中国,但那时中国的足球游戏,也就是"蹴鞠",与现代足球运动有着较大的差别。

现代足球起源于英国。1863 年 10 月 26 日,在伦敦,英国的 11 个足球俱乐部的代表举行会议,作为世界第一个足球运动组织——英格兰足球协会就此成立。在会议上,足球运动的比赛规则也得到统一,这一天也成为了现代足球运动的诞生日。

1865 年,英足总承认了职业足球的合法性,英国开始出现最早的职业俱乐部和职业联赛,由此,现代足球运动便发展开来。

二、足球运动的发展

(一)世界足球运动的发展

现代足球运动在英国产生之后,就开始了漫长的发展历程。1868 年,英国人将足球传入非洲。1870年,足球进入大洋洲的澳大利亚。1893年,南美洲首次开展足球联赛。1894年,足球进入巴西。到目前为止,足球运动已经在全世界范围内开展,足球受到了全世界人们的欢迎和喜爱。

足球运动的发展就是技战术和规则不断完善的过程。1846年,英国剑桥大学为了适应本国各学校比赛而综合制订了一个简单的规则,当时称之为《剑桥大学规则》。1863年的伦敦会议以后,对《剑桥大学规则》进行了修改,制定了最早的足球竞赛规则,它是现代世界足球史上第一部统一的足球竞赛规则。后来根据比赛的需要,规则不断修改、完善,如越位、犯规和处罚等规则的确立,足球比赛越来越规范化,足球比赛的水平也不断提高。随着比赛的增多,足球运动的基本技术得到了发展,精妙的过人技术不断得以创造,各种战术也层出不穷,如足球比赛阵型不断演变,从1930年的"WM"阵型到20世纪50年代的"4—2—4"阵型,再到目前流行的"4—4—2"、"4—3—3"、"4—5—1"甚至是无锋阵型的产生,都体现了足球运动的发展。也正是足球技战术的不断演进,足球比赛水平持续提高,进一步扩大了足球运动的影响力。

足球运动的发展需要足球运动组织的存在。1863年后,足球协会在欧洲一些国家纷纷成立。由于相互间比赛的增多,形势的发展对世界性足球运动组织的成立有了迫切的要求。1904年5月21日,在巴黎由法国、瑞士、瑞典、比利时、西班牙、丹麦等国发起成立了国际性的足球组织——国际足球联合会,简称国际足联(FIFA)。国际足联总部设在瑞士苏黎世。国际足联的创立,标志着足球作为一项世界性的体育项目登上了国际体坛,使足球运动在更加广泛的范围内开展起来。最初国际足联有7个会员国,发展到现在已有二百多个国家和地区加入国际足联,国际足联也成为世界最大的国际单项体育组织之一。足球运动组织的产生促进了足球运动的进一步发展。

足球比赛的进行是足球运动发展的重要体现。1872年,足球运动史上的第一次正式比赛在英格兰和苏格兰之间进行,即泛英足球比赛。到目前,无论是国际上还是各国内部,都有着众多的足球运动比赛。到目前为止,国际上比较重要的足球比赛有世界杯足球赛、奥运会足球赛、世界青年足球锦标赛、世界少年足球锦标赛、世界女子足球锦标赛、世界室内5人制足球锦标赛、世界俱乐部足球锦标赛等。这些比赛有力促进了足球运动在世界各国的发展和提高。1928年,国际足联决定每4年举行一届世界足球锦标赛(后更名为世界杯),并规定每届比赛与奥运会相间举行,还决定设立专门的流动奖杯——金女神杯,奖给锦标赛的冠军,并规定,如果哪一支国家队能三次夺得冠军,将永久保留此杯。1970年第9届世界杯上,巴西队第三次获得冠军,该奖杯归巴西永久拥有。现在的流动奖杯为"大力神杯",国际足联规定此杯为永久性流动奖杯,任何国家不论夺得多少次冠军,都不得独自占有该奖杯,其权力只是保留该杯4年至下一届世界杯。从1930年开始,世界杯足球赛开始举行,到目前为止共进行了19届。第20届世界杯将于2014年在巴西举行,各国球队又将为全世界体育迷奉献一场体育盛宴。

足球比赛的频繁举行,使足球运动的影响力增大,足球运动的发展不断进步。经过不断的发展,足球运动向着职业化的方向前进,目前足球职业联赛在许多国家进行,比较著名的有英超、西甲、德甲、意甲和法甲,称为欧洲五大联赛。高水平赛事的不断举行加上足球明星运动员的不断涌现,足球运动在世界上的影响不断提高,在未来的发展中,足球运动仍将保持强大的生命力。

(二)中国足球运动的发展

19世纪末20世纪初,足球运动传入我国。19世纪80年代至20世纪初,现代足球运动在上海圣约翰大学和南洋大学、北京协和书院和汇文书院以及广州格致公学和南武公学等一些教会学校开展起来,随后武昌、天津、南京、青岛、厦门及杭州等一些沿海城市的教会学校也先后开展了足球活动。但是,虽然足球比赛在我国频繁举行,由于旧中国政治动荡,社会经济落后,我国的足球运动的水平较低,发展很缓慢。

新中国成立后,党和政府重视体育事业,也非常支持足球事业的发展。

1951年我国首次举办了全国足球赛。

1955年中国足球协会成立。

1956年起,我国足球运动实行甲、乙级联赛制度,同时,还实行运动员、裁判员等级制度。此外,还举办了全国足球锦标赛、全国青年足球锦标赛等。十年动乱时期,我国足球运动遭到严重破坏。

1978年开始全国甲乙级联赛双循环升降级制度得以恢复,并建立了全国成年队联赛、青年队联赛的各级较稳定而系统的竞赛制度。

1992年是我国足球发展的一个重要的关头,这一年6月,中国足协在北京红山口召开全国足球会议,并指出足球必须搞上去,足球体制必须改革。从此,我国的足球逐渐走上职业化道路。经过近20年的发展,我国的职业足球也形成了一定的体系,我国的足球比赛包括中国足球协会超级联赛、中国足球协会甲级联赛、全国女子足球锦标赛和全国女子足球联赛等。由于缺乏经验,我国的足球职业化道路上遇到了许多挫折,尤其是受到"假赌黑"的影响,阻碍了我国足球的发展。

2010年中国开始了反赌风暴,对我国足球中的一些问题进行了解决,使中国足球发展环境变得更加干净和规范。

2012年的中超联赛中,中国足球得到了众多实力派企业的赞助,德罗巴、凯塔、巴里奥斯等一些国际球星也加入中超,使中超联赛的水平得到了大大提高。中超联赛的发展也吸引了众多的球迷,据统计,2012赛季中超联赛场均观众人数达到1.88万,居于亚洲第一。

我国足球运动的水平与国际差距较大,但在国际赛场上也取得了一定的成绩。1996年,中国女子足球队在第26届奥运会上获得亚军,1999年,又在第3届世界女子足球锦标赛冠军争夺战中点球惜败于美国队。2002年,我国男子足球队首次打入世界杯决赛阶段的比赛,实现了足球冲出亚洲、走向世界的美好愿望。但近些年来,中国足球进入了低谷,无论男足还是女足,成年队还是青少年队,都在国际赛场上表现欠佳,中国足球的水平还有待提高。

第二节　足球运动的特点与价值

一、足球运动的特点

(一)对抗性

足球运动是一项竞争激烈的对抗性项目,在现代足球场上,要想取得比赛的胜利,比赛双方必须要争夺控球权,以达到有效进攻和防守的目的,尤其是比赛时在两个罚球区附近时间、空间的争夺更是异常凶猛、扣人心弦。一场高水平的比赛,双方因争夺和冲撞倒地次数达200次以上,可见对抗之激烈。

(二)整体性

现代足球更加注重攻防的整体性。只有形成整体的攻守,才可以取得比赛的主动权以及良好的比赛结果。足球场上,只有全队11人团结一心,球队才能取得好的成绩;而足球场外,工作团队只有全力协作和努力,才能使他们更出色地完成任务。在整场比赛中,全队要思想统一、行动一致,攻则全动、守则全防,这样才能增强整体的参战意识。

（三）多变性

足球运动是一项技术上多姿多彩、战术上变幻莫测、胜负结局难以预测的非周期性运动项目，这也正是足球运动受到大众喜爱的魅力所在。在比赛中，足球运动员在运用技战术时往往会受到对手直接的干扰、限制和抵抗，这就要求球员要根据比赛临场中的实际情况灵活机动地发挥。此外，足球比赛的胜负除了受球队实力的影响外，还受其他诸多因素的制约，这导致比赛结果常常让人难以预料，具有多变性。

（四）易行性

足球竞赛规则较简练明了，器材设备要求也不高。一般性足球比赛的时间、参赛人数、场地和器材也没有严格限制，因而是一项非常容易开展的群众性体育运动项目。

（五）艰辛性

现代足球对抗性日益激烈，运动员在比赛中要奔跑90分钟，跑动距离少则6 000米，多则10 000米以上，而且还应伴随完成上百个有球和无球的技术动作，如果平局之后需决定胜负的比赛则要加时30分钟，如果仍然没有结果，还要以踢点球决定胜负，因而运动员的能量消耗是非常大的。一般情况下，在一场激烈的足球比赛后，一名足球运动员的体重能减少2～5斤。

（六）观赏性

现代足球比赛中，取得一场足球比赛的胜利是不容易的，足球比赛本身的难度非常大，首先表现在用脚控制球的技术难度较大；其次是技术动作多，战术复杂；再次是对抗激烈，对运动员和裁判员体能要求高。在现代高水平的足球比赛场上，双方队员之间的对抗激烈，比赛结果难以预料，因此，对观众而言，具有极强的观赏性。

二、足球运动的价值

（一）经济价值

足球运动高度的国际化、职业化和产业化发展趋势，使其能够带来巨大的经济利益和商业价值。目前，足球产业已经成为许多欧美国家国民经济的重要组成部分。足球运动以其巨大的影响力和自身价值，促进了足球资源、中介服务等市场体系的形成,并通过彩票、门票、转会、广告、电视转播等形式获得丰厚利润。同时,足球运动的广泛开展,带动了相关产业的发展,为社会大众提供了更多的就业机会,有效地促进了国民经济的发展。

此外,足球运动还造就了一大批狂热的足球球迷,形成了独特的球迷市场。球迷市场的广阔空间可由厂家、商家任意去开拓,凡是他们开发出来的用于球场内外宣泄和表现球迷们情感的产品都受到球迷的欢迎。这些东西不仅活跃了市场,而且还增加了国家的财政税收。

(二)社会价值

足球运动具有广泛的影响力,受各国公众的关注,其影响已远远超过其自身的竞技运动范畴,成为政治、经济、文化、生活的重要组成部分。

通过足球比赛不仅可以传播友谊,扩大交往,还能宣传、展示国家和民族的精神风貌。在国际上,足球运动已经成为各国之间政治、经济、文化交流的一种重要工具。它能加强各国人民的相互了解,扩大文化交流,增进友好团结,促进世界和平,为争取良好的国际环境起到积极的作用。随着全民健身运动的推进,各种各样的足球赛事十分频繁,其中相当一部分比赛可以发展社会交往,协调人际关系,形成一个单位或社会的凝聚力,有利于创造一个安定团结、民主和谐、健康文明、生动活泼的社会环境。对于高校学生来说,经常参加足球运动还能增加人与人接触和交往的机会,增强其社会适应的能力。

(三)文化价值

足球运动作为文化的一个重要组成部分,能深刻反映出一个民族的内涵和特点。现代足球运动中的竞争、荣誉、情感、意志等精神深深扎根于民族文化之中,体现出一个民族的基本特征和精神风貌。

民族传统文化孕育出各种各样的足球风格,不同风格的背后蕴含的是不同的民族传统文化。例如,欧洲人讲战术与整体,自律而重理性;南美人讲技术与个性,自由而热爱美感。

由此可见,足球运动具有丰富的民族文化内涵,足球风格的形成是一个民族文化、地域、身体条件、心理、主观追求等因素的综合作用,而民族传统文化则是其中最主要的因素。

(四)健身价值

足球运动是一项全身性、综合性的集体运动项目,具有很高的健身价值。足球比赛时,运动员要通过各种形式的有球和无球活动,如踢球、接球、运球以及奔跑、急停、转身等,来有效地发展人的体能。经常参加足球运动,能够全面提高人的速度、力量、耐力、灵敏、柔韧等身体素质,改善神经系统、心血管系统、呼吸系统等内脏器官系统和肌肉、骨骼等运动系统的功能,达到增强体质、促进健康的目的。

(五)教育价值

足球运动是一项强调集体行为的竞技项目,是一种特殊的教育形式。足球比赛攻守转换频繁,局面复杂多变,这对运动员注意力、想象力、创造力、思维能力和时间、空间感知等心理品质的形成有较好影响。此外,经常从事这项运动,不仅可以培养集体主义精神,树立识大体、顾大局的思想,而且可以培养勇敢顽强、坚忍不拔、拼搏进取的意志品质,养成团结协作、积极向上的道德品质和良好作风。

足球比赛过程中球员所表现出的顽强拼搏、勇往直前的大无畏精神具有强大的感染力,能极大地激发本国人民的爱国热情和民族自豪感。

第三节　高校足球运动教学与训练现状

一、高校足球运动教学的现状

(一)教学目标现状

目前,很多高校在制订体育教学目标时,与学校体育的国家目标相脱节。足球教学目标的偏离,导致了指导教学进程的作用无法发挥。具体表现在以下三方面。

1. 目标过于笼统

目前,虽然各大高校足球教学的目标涉及到知识传授、技能培养、身体素质发展等诸多方面,但在具体操作中,都缺乏清晰而明确的文字说明,主要表现在以下两个方面。

(1)欠缺指标性描述,没有判断教学任务是否完成的标准。这就使得体育教学的目标失去了指导教学进程的作用。

(2)对教学结果没有明确的说明。这使得师生双方难以形成有效的沟通和交流,阻碍了教学目标的实现。

一般而言,足球教学目标包括基本理论知识、身体锻炼方法、足球竞赛规则等方面。但这些教学目标实现后,教学工作却没有明确的导向,这样就使得足球教学的目标显得过于笼统。

2. 目标缺乏系统性

目前,各大高校在制订足球教学目标时,显得比较单一,不能兼顾到足球教学所涉及的各个领域。足球教学过程一般包括理论教学和技能教学,可分为知识传授、技能传授和思想品质教育三部分,这些都应被统一在完整的足球教学过程中。

在足球教学过程中,教练和学生之间应该积极地参与互动,知识传授、技能传授和思想品质教育三者之间是相互影响、相互依存的关系:知识传授服务于技能传授,技能学习离不开对知识的吸收,思想品质教育统一于教学实践。如果将三者割裂开来,就无法保证足球教学的顺利开展。因此,足球教学目标应分层次、分阶段地提出,所有的教学目标都统一在具体的教学目的下,这样才能保证足球教学目标更具系统性,才能使足球教学目标得到更好的发挥。

3. 忽视终身体育教育

根据我国体育教学的现状,国家提出了"全面发展学生素质、促进学生健康成长,培养终身体育"的教学目标,这是符合目前体育教学要求的。在此背景下,如何将国家的意志、教学理念等与教学实际充分结合,制订出适宜各大高校足球教学的目标体系,促进足球教学目标的实现,就成为高校足球教学目标设置的基本出发点。在制订足球教学目标时,应重点突出足球专项的运动特点,选择有利于发展学生专项能力和综合素质、培养学生终身体育意识等的课程标准作为足球教学目标,这种具有针对性的教学目标,更有助于足球运动的快速发展。

(二)教学内容现状

各项足球技术是高校足球教学内容最主要的组成部分。通过使学生较为熟练地掌握足球各项技术,让学生投入到足球活动中,养成终身体育习惯是教学的目的。但由于足球技术比较繁杂,很多高校直接把足球的各项技术当作教学内容,不利于大学生学习和掌握足球技术。

1. 不合理的教学顺序

高校在安排足球教学内容时,一般多采用先技术、后战术,技战术教学内容区别对待的安排方法。这种安排使教学内容分类可以一目了然，也遵循了教材内容从易到难的顺序，更是对技术是战术基础的体现。但是，这种教学内容的安排无法体现技战术内容之间的内在联系，也不能体现不同的战术对技术的具体要求，更不能直接再现足球比赛的实际情景。这种技战术教学分开的教学内容安排，失去了学习与运用的连续性和系统性，容易使学生产生厌学、烦躁等不良情绪，从而影响预期的足球教学效果。

2. 教学内容与教学对象不配套

足球技术的教学与训练是高校足球教学内容最主要的组成部分。现代足球技术的发展，主要是服务于足球专业运动员的。现代足球比赛中，不同部位的踢球技术、运球技术、头顶球技术、铲球技术等都是由常用的足球技术演变而成的，目的是进一步提高足球运动员的专业技术水平。

在高校足球教学中，如果用专业足球运动员的教学内容来满足高校足球课堂的教学，这是完全不配套的，不利于大学生对足球技术的掌握和提高。因此，在高校足球教学实践中，必须对足球技术进行再加工，直到符合高校足球教学的基本要求。此外，足球运动员参加的是职业化的竞技足球，而高校学生参加的是业余足球，足球运动员的教学内容对大多数大学生来说并不适合，因此，不能将繁杂的足球技术直接拿来当做高校足球的教学内容。

3. 教学内容缺乏趣味性

趣味性是影响教学效果的重要因素。但是在高校足球教学中，由于内容趣味性的缺乏，造成学生难有较高的积极性。

目前，我国高校足球课教学内容一般专业性、竞技性都较强，健身实效性不突出，教学内容缺少游戏性特点。足球课教学的内容大都集中在基本技术的学习和掌握上，对足球竞赛规则、足球游戏等内容涉及不多，教学内容缺乏趣味性，主要表现在：课程内容与学生的终身体育意识和实际情况相脱离；知识单一陈旧，新知识难以进入足球课堂；课程内容没有很好地吸收新理念，缺乏创新观念；没有从根本上改变以往的足球教学体系。这些问题的存在，在一定程度上降低了高校学生参与足球的兴趣，影响了学生学习足球的积极性和主动性。

(三) 教学方法现状

体育教学方法是指在体育教学过程中，教师指导学生为达到一定的教学目标所进行的一系列活动方式、途径和手段的总和,是"教法"与"学法"相互作用的统一过程。高校足球的教学方法落后是我国高校足球教学的现状之一。目前,在高校足球教学中,虽然引进了一些先进的教学方法,但因种种原因,这些先进的教学方法没能在高校中广泛应用,还存在着各种各样的问题,具体表现在以下几个方面。

1. 教师没能做到因材施教

长期以来,高校足球教学课中都是采取以教师为主的传统教学方法。在这种教学方法下,学生围着教师转,教师缺乏创新动机,现行的教学监督与管理机制没有对教师进行科学和规范的帮助。这样严重制约了高校足球教学方法的丰富和学生足球技战术的掌握和提高。为了完成教学任务,教师只顾一味地传授足球知识,不重视学生的个体差异和主体需要,常常对不同基础的学生"一视同仁",教学方法严重缺乏针对性,不能在足球教学过程中做到因材施教,导致基础差的学生运动技能得不到提高,基础好的学生则原地止步。这种传统的教学方法无法适应现代高校足球选修课的发展以及学生足球的学习和掌握。

2. 忽视学生的全面发展

在高校足球教学过程中,应以基本技战术、技能的传授为主,在选择教学方法时,应充分考虑到高校学生的身心发展特点和规律,选择适合他们发展和提高足球技战术水平的教学方法。作为足球教学的主体,高校学生一般都具有较高的文化素质和较强的独立意识,他们属于特殊社会群体,个性较强,并能对足球教学提出明确的需求。但是,在实际足球教学过程中,由于高校学生个体间的身体素质、运动能力等存在着很大的差别,因此,教师在选择足球教学方法时,应充分考虑大学生个体的实际情况,做好充分的思想准备。不当的教学方法,会严重挫伤高校学生学习足球的积极性,从而不利于足球教学活动的正常开展。

因此,在选择足球教学方法时,应注意突出学生个体的特点,本着调动学生学习足球积极性的原则,确立适合学生发展的教学方法。同时,应从大学生的身心发展特点和规律,以及自身的实际情况出发,促进高校足球教学中学生的全面发展。

3. 育人功能没有得到良好体现

在高校足球教学中,如果想让高校学生喜欢上足球课,让他们全身心地投入到足球教学与训练的过程中,就必须充分发挥足球运动的育人功能。

如果教学方法选择不当,就无法充分展示足球运动的魅力,不能吸引广大的大学生参与学习,从而增加了开展足球教学的难度。因此,只有选择那些能充分体现育人功能的教学方法,才能使大学生体会足球运动的育人价值,才能使他们更加积极主动地投入到足球教学中去。

但是,足球教学方法的选择是受限于一定条件的,它与教学目标、教材内容等是紧密联系在一起的。只有它们之间的各种问题得到妥善的解决,教学方法才能发挥最大的效用,也就能使足球运动的育人功能得到良好体现。

(四)教学评价现状

目前,我国高校足球教学普遍采用的评价方式为:选择一两项足球技术作为考试的内容,依据学生在考试时运用这两项技术的大体情况,给学生打出相应的分数;再加上教师以学生平常出勤情况、课堂表现等形式给的印象分,两者相加就成为了对学生整个学习过程的评价。

这种评价方式较为落后,既不客观,也不公平。仅靠一次课将两项基本技术的掌握情况作为测试的主要内容,不足以全面、公正、客观地反映学生在整个教学过程中的表现,也不能作为其已取得的学习效果的衡量标准。并且这种只检验学生的技术水平,而不反映教师教学能力的评价方式,其本身就是建立在不对等的基础上的,因此毫无公平可言。

在教学效果评价方面,现行的教学评价体系又存在忽视过程,忽视学生学习目标和兴趣,忽视学生特长,评价内容单一,评价形式简单,考核方法不够严谨等问题。同时,还提出了相应的由运动技能单一型评价向综合体育素质评价、终结式评价向过程式评价、绝对性评价向个体相对性评价转变,以及评价方式方法多元化的解决方法。

对高校足球教学进行评价,不能仅仅局限于对现象的客观描述和对事实的判断上,而应把评价的重点放在价值判断上。在评价方法上必须要把传统的量化评价与质性评价有机结合在一起,并从这两种方法上考虑评价指标体系的确立。针对高校足球教学功能的定位发生转移,足球教学价值判断发生改变,教师在教学指导思想方面产生的困惑,提出了如何建立新的评价体系,怎样对教学过程、教学效果的优劣进行判断的问题。

根据以上对我国足球教学现状进行的分析,可以得知,我国高校足球教学在教学目标、教学内容、教学方法与教学评价等方面都存在着不同程度的问题,在高校足球教学实践中要尤为注意。

二、高校足球运动训练的现状

(一)缺乏高水平的足球教师

足球教师的水平对高校大学生足球训练水平的提高具有重要的作用和意义。一名高水平的足球教师必须具备丰富的足球训练理论知识,对足球运动实践具有感性而深刻的认识,以及较高的教学与训练能力等。调查表明,我国高校大部分足球教师来自体育院校,经过系统化的足球理论知识与训练的学习,但仍有相当一部分教师缺乏丰富的足球训练经验,导致足球课堂的训练水平不高。主要体现在以下两个方面。

1. 足球基本理论知识的缺乏

在进行足球训练时,教师要掌握必要的足球理论知识,这些理论知识包括足球运动实践经验和足球专项训练理论知识等,大部分足球教师对足球训练的认识并不深刻,不能调动学生参与足球训练的主动性和积极性,从而影响高校学生足球训练水平的提高。

2. 教师对学生足球训练的指导不足

目前,在各高校中开展足球课的一般教学程序,就是教师首先对足球技术与战术进行讲解,然后组织学生参与训练。在足球训练过程中,大部分时间都是学生之间的交流,没有与教师形成有效的互动,这表明教师对学生技战术训练的指导不足,不利于学生技战术水平的进一步提高。

(二)缺乏必要的理论指导

理论指导可以反映足球训练的规律,用这一理论指导学生的头脑,可以使他们在遵从足球训练基本规律的基础上进行科学的训练实践,这有利于学生掌握技能和提高技战术水平,从而提高他们的训练水平。

但调查发现,目前我国许多高校的足球老师并不具备必要的足球基础理论知识,这种理论与实践相脱离的现状,阻碍了学生良好训练效益的获得。同时,高校在提高足球训练理论水平方面,对足球教师还缺乏必要的引导,这就导致学生的技战术训练水平无法得到较快提高。

(三)足球竞赛活动偏少

足球竞赛活动少,是制约我国高校足球训练水平提高的又一重要因素。

比赛是足球训练的导师和杠杆,但目前我国普通高校校际间的足球竞赛活动普遍较少,各高校高水平足球队一般只有在4年一届的全国大学生运动会中才有比赛交流的机会。

此外,由于全国大学生运动会是以省为单位的,这使得许多高校高水平足球队只能参与本省内的足球比赛。这样大部分高校高水平足球队在大部分时间里处于只练不赛的窘境。这种现状不仅严重影响了高校组织足球队训练的积极性,而且教师和学生也缺乏对训练实践有针对性的、实战因素的设想与考虑。显然,在没有比赛压力以及实战的训练氛围中所进行的训练不利于学生的训练热情和实战能力的提高。

(四)对课余训练重视不够

目前,我国高校体育教育专业学生的课余训练与课堂教学的关系较为松散,这表明我国高校对课余训练的重视程度不够。在足球训练中,课余训练是对课堂教学的有效补充,有着极其重要的作用。随着我国高校体育教育课课时数的不断减少,进一步增加了足球课余训练的重要性。但是,课堂传授是目前大多数高校足球教学的唯一手段。这就使得学生课余时间多以自主训练为主,这不仅不利于自身素质和知识掌握较好学生训练水平的进一步提升,也不利于技能知识掌握较差的学生训练效果的实现。因此,在足球训练中,足球教师应有效利用学生的课余时间,通过组织各班级运动队、足球爱好者团体、各种比赛等形式调动学生在课余时间参与足球训练的积极性。

综上所述,在高校足球教学与训练过程中,还存在着诸多问题,只有解决好这些问题,才能推动高校足球教学与训练水平的发展和提高。随着社会和时代的发展,要改变足球教学与训练的发展现状,就要做到:明确足球教学与训练目标;制订科学合理的教学内容和训练方法;培养学生足球意识和兴趣,注重学生的个性化发展;激发学生的学习动机,启发学生的思维,使学生主动探究问题;教师要对自己的角色进行重新定位,积极提高自身的教学训练水平,充分发挥对学生学习足球的指导作用等,以促进高校足球运动教学与训练的健康发展。

第二章 高校足球教学的基本理论

足球运动技战术水平的提高离不开科学的足球教学。经过足球的不断发展以及高校足球教学实践的持续深入,高校足球教学的理论不断丰富和完善,对高校足球教学效果的提高和足球运动的发展有着重要的意义。本章主要从高校足球教学的任务与要求、原则与方法、教学课的组织实施,以及现代教育理念在高校足球教学中的应用等方面对高校足球教学的基本理论进行研究。

第一节 高校足球教学的任务与要求

一、高校足球教学的任务

(一)全面提高大学生的身体素质

大学生正处于发育的黄金时期。运动生理学认为,处于青春发育的人的机体具有以下特点。

(1)骨骼:软骨组织较多,骨组织内的水分和有机物较多,无机盐较少,有弹性,易弯曲变形,不易骨折。

(2)肌肉:含水分较多,蛋白质和无机物较少,有弹性,但肌力较弱,耐力差,易疲劳,肌肉的增长速度落后于骨骼的增长速度,身体各部分肌肉发展不均衡,表现为动作不够准确,下肢灵活性、协调性较差。

(3)神经系统:受内分泌腺活动的影响,大脑皮质的神经细胞工作能力低,易疲劳,动作稳定性不好,注意力不集中,但神经过程的灵活性高,神经细胞的物质代谢旺盛,合成作用迅速,疲劳消除快,重新恢复快,建立条件反射快。

(4)呼吸系统:呼吸肌力较弱,呼吸较浅,代谢旺盛,对氧的需求量相对较多,呼吸频率较快。

(5)血液循环系统:心缩力较弱,心律较快,收缩压低,但血管壁弹性较好,血管口径小,外周阻力小。

运动训练学认为,各项素质发展最高峰的年龄主要集中在学生时期,特别是大学时期。高校足球教学可以充分满足大学生生理发育和素质发展的特点与需要。通过高校足球教学,可以促进大学生全面地进行身体锻炼,促进大学生身体的正常生长发育,促进大学生生理机能水平的提高,增强大学生对自然环境的适应能力和对疾病的抵抗能力,为大学生今后立足社会和报效国家提供必需的身体条件。

(二)培养大学生欣赏和参与足球运动的能力

大学生是足球运动的重要关注者和参与者,通过高校足球教学,可以培养大学生对足球运动的兴趣,使大学生掌握足球运动的基本知识,提高大学生足球运动能力,提高大学生欣赏足球赛事的能力,增强大学生的足球素养和意识。同时,有效地发挥大学生的智力和知识结构的优势,使其开阔眼界,拓宽思路。

首先,现代足球技术正在朝着"全面、快速、娴熟、简练、强对抗"的方向发展,这要求高校教师在足球技术教学中,根据学生生理、心理和智力特点,将足球技术与趣味性、目的性、位置、速度、意识、意志、即兴等相结合,使高校学生由浅入深、由易到难地逐渐掌握足球技术和练习方法,从而获得参与足球运动的基本能力。

其次,在高校足球战术的教学中,教师要让学生了解足球战术"机械分工消失,快速争夺时空主动权,阵型与队型合理组合,集体与球星完美结合"的特征。使学生掌握足球攻守基本方法,从而能在实践中成功地组织战术和巧妙地运用战术;使学生通过个人基本战术方法、局部配合方法、全队配合方法、定位球战术的学习,获得驾驭和控制比赛的能力。

再次,教师应注重培养高校学生对足球运动的兴趣与爱好,提高其欣赏和参与足球运动的能力,使其把足球作为终身的爱好,受益一生。

(三)促进大学生德、智、美素质的全面发展

1. 足球教学的德育任务

足球本身所具有的教育性体现了足球教学同德育的密切相关。具体而言,足球教学的德育主要有以下几个方面的表现。

(1)高校足球组织严密、竞赛规则严谨、技术规范严格,要求学生在运动中必须服从集体的需要,融于集体之中,正确地处理个人与集体、自由与纪

律、个性与共性的关系,规范个人行为,加强组织纪律性。因此,高校足球严格、生动的教学与训练,可以加强高校学生的组织纪律性,使其形成良好的道德意识。

(2)足球比赛的获胜来自于队员之间以积极的、健康的道德情感作为基础的协调配合和统一行动,这种道德情感是队友之间共同的责任感、荣誉感的精神升华。因此,高校足球教学与训练可以培养大学生的集体主义精神,增进其良好的道德情感。

(3)足球运动在具体的规则的约束下,始终沿着固定的方向发展。在高校足球教学与训练中,尊敬教师、尊敬对手、团结同伴等行为会受到赞赏和喜爱;反之,动作粗野、无视规则、个人主义等行为会受到处罚和谴责。因此,高校足球的教学和训练能为高校学生创造一个强制而又自然的环境,促使学生学会控制和约束自己的行为,形成良好的道德风貌和道德行为。

2. 足球教学的智育任务

一般说来,智力具体表现为注意力、观察力、记忆力、想象力、思维力以及分析判断能力等。高校足球教学与智育相互促进、辩证统一。一方面,智力的增长和发展要求身体素质的提高;另一方面,素质的提高是改善智力活动的条件。高校学生学习足球运动的基本知识,发展运动记忆,在培养技术、战术的过程中分析和评价自己的行为,全面地促进学生智力的提高。这既是智育所要完成的任务,又是足球教学的目标。足球教学的智育任务主要表现如下。

(1)培养学生的观察力

足球运动要求参与者瞬间反应、判断并完成动作,因此经常参加足球运动能提高学生视觉、听觉等感觉器官的敏感度。在高校足球教学中,学生学习各种足球动作,不仅要从观察教师的示范动作来建立动觉表象,然后做出符合要求的动作,还要在技术动作的多样性和复杂性以及场上多变的环境中控制自己注意力的稳定性,同时观察同伴和对手的变化,并在瞬间迅速作出决策。因此,高校足球可以培养学生在观察范围上的敏锐度和选择对象上的精细度。

(2)训练学生的记忆力

以足球教学对培养学生记忆的敏捷性和正确性为例分析如下。首先,足球教学的实践性决定了大部分上课时间都在户外,这就要求学生在上课期间迅速识记教师的理论讲述、动作讲解、动作示范等学习内容,并且能在实际练习中记忆动作之间的联系、完整技术动作的先后次序和外在形象,以联想和再生的方式在头脑中形成正确的技术动作的运动表象,在完成动作的过程中训练记忆的敏捷性。其次,足球技战术是连续性活动,由若干技术和战术环节组成。足球练习和比赛的成功都建立在正确的技战术环节组成上,任何失误都有可能导致被动和失败,这样足球技战术的训练就对学生的记忆的正确性提出了高标准和高要求。因此,高校足球教学与训练能培养学生记忆的正确性。

(3)开发学生的想象力

想象是在人们头脑中对过去感知的形象进行再加工产生新形象的过程。在高校足球教学中,学生通过想象、模仿、表现去不断地体验技术动作和战术活动。特别是在足球比赛中始终贯穿着想象的因素,如果比赛中学生没有想象力,那么比赛就是没有生命力的。可见,足球教学有助于发展学生的想象力。

(4)提高学生的思维力

人的左脑主要负责合理的伦理、分析的思维,右脑主要负责情感和意志。高校足球能很好地提高学生的创造性思维能力。首先,在高校足球教学中,学生通常是在快速激烈的情况下思考问题,因此学生必须迅速地估计情况并果断地放弃错误的想法,同时作出正确决定,由此可以使思维的速度得到训练;其次,足球比赛往往情况多变,参赛双方都想控制对方和摆脱对方的制约,这就需要学生根据实际情况机动灵活地调整战略战术,及时应对场上的变化,从而使思维的灵活性得到锻炼;再次,足球技战术多样、球场赛势多变,能促使积极地进行思维活动,因此,高校足球教学与训练可以使学生思维的高速度、灵活性、独立性得到显著提高;最后,学生在参与足球运动时,对场上各种情况的分析和判断都是独立的,有助于学生思维独立性的提高。

3. 足球教学的美育任务

体育美是美的一种表现形式,体现了运动美(包含技术美和战术美)、健康美和意志品质美。技术美是人体美和动作美的综合体现,显示了人的本质力量及体育美丰富多彩的内容,引起人们的欢欣、愉悦、好奇、赞叹;健康美是人体最基本的美;意志品质美主要表现为体育运动所需要的原则和精神(如公平竞赛、机会均等、服从裁判、遵守纪律等),以及建筑美和服饰美等。足球运动的美育任务主要表现在教学过程中应注意培养大学生对美的感受能力、鉴赏能力、表现能力以及创造能力。

(1)培养学生美的感受能力

美具有形象感染性,离开了感性认识就谈不上审美感知。因此,教师在高校足球教学中要正确引导学生的意识倾向,鼓励学生在运动中尝试美的内在体验和自觉的审美意识。并从体育和卫生的角度来训练和保护学生的感觉器官,以利于学生日后健康地参加审美活动。

(2)培养学生美的鉴赏能力

教师在高校足球教学中应注意把竞技常识与美学原理结合起来,系统地传授足球知识,以培养大学生在视觉上的运动美感,使学生通过亲身参与足球运动来培养自身神经与肌肉上的美感。

(3)培养学生美的表现能力和创造能力

一般人只能将审美意识反作用于生活,而具有艺术创作才能的人可以根据运动的各种艺术形式,创造出比体育现实更集中、更强烈的艺术美。因此,在足球教学中实施美育的特殊性就表现在如何培养学生健美的身体,以及与之相应的美的思想和美的行为。一方面,在高校足球教学实施美育,应通过对健美的身体的塑造,使学生形成健康的审美观;另一方面,在高校足球教学实施美育的过程中,不仅要培养大学生对足球运动的兴趣和爱好,使之形成良好的体育作风和文明行为,还要培养大学生热爱美、鉴赏美、表现美的情感,培养大学生的自信心、独立性和创造力。

二、高校足球教学的要求

(一)循序渐进与系统性相结合

高校足球教学是一个渐进的、系统的过程。一方面,在高校足球教学中,教师应按照科学训练的规律,使教学内容由易到难,足球练习方法和组织形式由简到繁,足球运动负荷由小到大地发展。另一方面,足球教学是由不同周期组成的,一个周期又可以分为不同阶段,各周期和阶段的教学与训练任务不同,教师在教学和训练中应注意各周期各阶段内容的互相关联和承接。

(1)教学内容由易到难。以学习足球传球技术为例,可先从脚弓传球开始,并从传地滚球开始,在此基础上再学习其他部位的传球技术,进而进行长传球与过顶球技术的教学。

(2)练习手段和组织方式由简到繁。在足球技战术练习中,可先让学生从模仿练习开始,而后独立实践,再到局部对抗,最后进行整体训练。

(3)运动负荷由小到大。运动负荷的安排应当波浪式地逐渐加大,在组织训练时,教师要注意处理好负荷与恢复的关系。

(4)对抗程度由弱到强。足球的技术练习必须由无对抗到有对抗,由弱对抗到强对抗,最后进行实战接受检验。

(5)教学与训练要有系统性。足球教学与训练是由不同周期、不同阶段、不同任务组成的过程,系统的教学与训练能积极、有效、科学地提高学生的技战术水平。

(二)综合性与实战性相结合

在高校足球教学中,综合性是指把技术、战术、身体素质、智力、心理等各方面有机地结合起来进行综合性训练,使训练与实战更为接近。同时,根据比赛的客观规律与要求,在日常的教学训练中加入对抗的因素和模拟实战的条件,从而提高练习的实战性。具体包括以下几方面。

(1)技术与技术合理搭配。在高校足球教学中,教师应根据比赛的需要,将不同的足球技术合理地串联和搭配起来组织学生进行练习,并根据学生的水平高低来决定技术搭配的多少和难易程度。

(2)技战术与意识的结合。意识是足球技战术的灵魂和生命。在高校足球教学中,教师应根据足球比赛的客观规律来设计和组织练习,加强对学生正确足球意识的培养,使学生提高运用技战术的能力。

(3)技战术与对抗能力的结合。对抗能力是足球技战术运用的根本保证。因此,在高校足球教学中,教师应根据学生技战术掌握的熟练程度加入适宜的对抗性因素。

(4)技战术与身体素质结合。身体素质是足球技战术运用和发挥的基础。因此,在高校足球教学中,教师应科学安排练习的组数、时间、密度、强度和运动量,从而使身体素质与技战术都得到提高。

(5)在模拟实战中练习技战术。在足球技战术练习中,教师应重视安排在模拟实战的气氛和状况下的练习,使训练能更好地为比赛服务,提高学生的积极性。

(三)感觉、思维与实践相结合

足球运动是一项综合性运动,在运动中,参与者集感觉、思维与实践于一身,灵活机动地处理运动中遇到的各种情况和问题,快速进行分析并作出正确的判断。因此在高校教学过程中,教师应做到以下几点。

(1)利用多种直观感觉手段。在高校足球教学中,教师除了采用示范与语言提示等手段外,还应尽可能采用图表、照片、幻灯、录像、电影等直观教学方法和手段进行教学和组织观摩比赛,使学生在较短时间内了解技术动作的主要特征,建立起正确的技术动作表象。

(2)运用直观感觉手段要有针对性。由于学生的性别、年龄、身体素质、运动经历、理解能力、基础知识和技能等存在个体上的差异,且不同的足球运动技术表现形式不同。因此,在高校足球教学中,教师要结合实际,针对不同学生和不同技术采用相应的直观感觉手段,对水平较低者相应多采用示范、图像等直观手段,对水平较高者多使用形象化语汇描述技术动作。

(3)正确处理感觉、思维与实践的关系。在高校足球教学实践中,直观感觉方式的运用有助于学生建立正确的动作表象,但要达到对动作的结构、要点及动作正误界限的理解,还必须使学生克服单纯机械模仿、重复,积极思考,加强运动思维,培养发现问题、解决问题的能力。并要鼓励学生大胆地将感觉、思维与实践有机结合起来。

(四)教师的主导性与学生的能动性相结合

现代教学是师生互动的多边教学活动。在高校足球教学中,教师应根据当代大学生的身心特点,正确处理好师生关系,充分发挥教师和学生双方的积极性,以教师为主导,充分调动学生的主观能动性。

(1)树立正确的教学观。在高校足球教学中,正确处理师生关系,发挥教师和学生双方的积极性,克服"教师中心论"、"学生中心论"的片面教学思想和观念。

(2)以教师为主导。在教学实践中,教师应及时提高自身的教学水平和专业素质,做到学识渊博,技术全面,为人师表,平等待人。同时,教师应不断提高足球教学的艺术性和启发性,培养学生良好的学习动机和兴趣。

(3)充分调动学生的能动作用。主观能动性是提高学生效率的有效动力,教师在教学中应充分调动学生的主观能动性,指导学生明确学习目标,开动脑筋积极主动地学习,并在实践中大胆地实践。

(五)增强体质与促进大学生全面发展相结合

高校足球的教学应在增强每个学生体质的基础上,使所有学生的身体素质、心理素质、智力水平、美育能力等各方面都得到发展。因此,高校足球教学应做到以下几点。

(1)树立现代高校足球教学价值观。现代体育教学的价值观对高校体育教学提出了新的要求,高校足球教学不仅要具有改变大学生生物学特征的生物学价值,还要具有对大学生进行心理学、教育学、社会学以及美学教育的价值。这些价值观是衡量高校足球教学质量的重要标准。

(2)做好高校足球教学工作计划。教师在制订高校足球教学计划和编写教案时,既要突出足球的专项特点,也要保证教学活动对大学生身体的全面训练性,更要结合足球教学促进大学生身心的全面发展。

(3)做到教学内容和方法多样化。在高校足球教学的准备阶段、实施阶段、复习阶段以及评价阶段中,要结合大学生的身心特点和个性特征,采用丰富的教学内容,运用多样化的教学方法和手段,促进大学生全面发展。

第二节 高校足球教学的原则与方法

一、高校足球教学的原则

(一)直观性原则

高校足球教学的直观性原则,是指教师利用学生的感官和已有经验,通过视觉、听觉以及肌肉本体感觉,使学生获得对足球技战术的生动表象和感觉,积极思考,掌握足球技战术和足球技能,发展思维能力。高校足球教学中常用的直观教学方法有动作示范、沙盘、电影、录像、技战术图片演示等。

高校足球教学中遵循直观性原则应注意以下几点。

第一,明确教学目的和要求。教师要根据教学任务、教材特点、学生情况等,有目的地使用直观教学方法。如对水平较低的学生,宜多使用动作示范、技术图片等,也可以把学生的动作录像重放,与正确的技术动作进行比较,纠正学生的错误动作。

第二,在教学中充分利用学生的视觉、听觉以及肌肉本体感觉,使学生明晰足球技战术表象,激发学生的学习积极性。

第三,要善于启发学生思维。学生正确表象的形成离不开积极的思维活动,因此,在教学实践中要不断启发学生的思维,并与技战术练习活动紧密结合起来,以提高教学质量和教学效果。

(二)对抗性原则

在高校足球教学中贯彻对抗性原则是由足球运动本身的特点决定的。足球运动对抗性强,进防对抗贯穿足球运动的始终,攻守转化构成足球运动的核心。目前,足球运动也正向着更快速、更激烈的方向发展。

高校足球教学中遵循对抗性原则,要求教师深入研究足球运动攻守对抗和转化的规律。在足球运动中,进攻和防守是一对辩证统一的矛盾,两者相互制约,彼此相辅相成。因此,高校足球教学中教师应注意以下几点。

第一,教师在制订教学进度和课时计划时,要恰当处理进攻和防守教学内容的关系,使足球攻守内容尽快同时出现。

第二,教师在设计教学方法时,应尽可能使练习方法综合化。用防守制约进攻,并使进攻技术得到提高;或用进攻制约防守,使防守技术得到提高。有意识地提高攻守对抗强度,真正实现在攻守对抗中学习技战术,提高足球教学质量。

(三)实效性原则

高校足球教学的实效性原则,就是要从实际出发,根据学生的实际情况,抓住教学中的主要矛盾和矛盾的主要方面,解决教学中的重点和难点问题;教学讲求实际效果,在有限的教学时间内,使学生既能掌握知识技能又能增强体质。

高校足球教学中遵循实效性原则应注意以下几点。

第一,不断研究改进教学方法。教学方法是实现教学目的、完成教学任务的手段,直接影响是否完成教学任务和教学质量的高低。教师在足球的技战术教学中,要深入研究教材和教法,充分利用现代化的教学方法和手段,精讲多练。

第二,用唯物辩证法指导教学工作。高校足球教学中,教师要一切从实际出发,把握事物的本质,全面、准确地把握教材内容,深入地分析技战术内涵,抓住教学难点和教学重点。

第三,经常调查研究,不断发现新问题,分析问题,并找出解决问题的方法。在高校足球教学过程中,教师应重视教学的实际效果,根据学生的实际情况及时调整教学方法和练习形式。

(四)主体性原则

高校足球教学的主体性原则,指在体育教学过程中,教师的一切教学活动应根据学生的需要和特点合理安排,学生应在教师的指导下积极参与教学活动,充分发挥学生主体的自主性和创造性。

高校足球教学中遵循主体性原则应注意以下几点。

第一,高校足球教学是教与学的双边活动。要求教师在足球教学中尊重学生的主体地位,体现学生的主体精神,充分发挥学生的积极性、创造性,引导学生积极思考、勇于探索、刻苦训练,自觉掌握足球理论和技战术方法,提高自主观察问题、分析问题和解决问题的能力。

第二,培养学生学习足球的兴趣。兴趣是形成学习动机的重要因素,它可能是暂时的,也可能转化为长期的主动学习动机。足球运动的趣味性较高,在教学中,教师应采取丰富多样的教学方法,使学生对足球运动的兴趣转化为执着的热爱,使其学习的积极性更高、更持久。

第三,引导学生明确学习目的。学习效果与学习动机密切相关。如果学生的学习目的不明确,学习动机不正确,就不可能自觉、积极地学习,也不可能长期保持自觉、积极的学习状态。

第四,发挥教师的主导作用。足球运动对动作操作思维、战术思维和快速反应能力的要求都很高,因此,在高校足球教学中,教师要以提高学生的运动能力和思维能力为核心,运用设疑、联想、比较、形象等教学方法,充分启发学生积极思维,从而最大限度地挖掘学生的运动潜力。

第五,建立民主平等的师生关系。在足球教学中,创造一个生动和谐的教学环境很重要。在教学实践中,教师要承认学生的个性差异,采用科学方法发展学生个性;建立民主的师生关系,平等对待每一个学生。

(五)综合性原则

在高校足球教学中贯彻综合性原则是由足球运动的特点和规律决定的。足球运动具有项目的集体性、技能的综合性、战术的多变性以及攻守的对抗性等特点。这就要求教师在进行教学时,突出教学内容的游戏性、竞争性和趣味性。

高校足球教学中遵循综合性原则应注意以下几点。

第一,要把技战术教学和学生足球意识的培养结合起来,把技战术训练和学生的作风培养结合起来,全面提高学生的身体素质、心理素质、技术水平、战术水平、智力水平和道德品质。

第二,要选择简单实用、多样化的教学方法和组织形式,以提高学生的学习兴趣,使学生掌握更多的练习手段和方法。

第三,要注意新旧教材的搭配组合,在教学内容上,注意足球单项技术、组合技术与综合技术的结合,以提高学生综合运用技术的能力。

第四,要充分利用现代教学手段和技术,通过图表、照片、电视、电影、多媒体等辅助教学手段,使学生直观、形象地掌握足球技术动作和方法,提高学生的技战术水平和运动能力。

(六)循序渐进原则

高校足球教学的循序渐进原则,指教学要按照学科的逻辑系统和学生的认知规律,由简单到复杂、由低级到高级、由单一向综合,循序渐进地组织教学,使学生逐步掌握知识、技术、战术和技能,形成严密的逻辑思维体系。

高校足球教学中遵循循序渐进的原则应注意以下几点。

第一,注意教学内容的系统性。教师应根据教学大纲的要求,合理安排教学进度和课时计划,使教学进度符合足球运动的规律。使教学活动由易到难、由简到繁,使训练从无对抗到有对抗,运动量逐渐增加。

第二,注意教学方法的系统性。教师应根据动作技能形成的规律,从认知定向阶段(泛化阶段)、巩固提高阶段(分化阶段)到熟练阶段(自动化阶段),依据动作技能形成的阶段性特点组织教学,并针对不同阶段采取不同的教学方法。

第三,注意安排适宜的运动负荷。在高校足球教学中,要合理安排恰当的生理和心理负荷。教师组织足球锻炼时,应根据学生的身体状况、教学内容、场地、气候等综合因素,将生理与心理负荷应控制在极限范围之内。刺激过弱,不能引起机能和心理状态的变化,甚至不能发展体能;刺激过强,不但无益于健康,反而可能造成运动伤害。

二、高校足球教学的方法

(一)讲解法

讲解教学法,指教师在教学中采用简练、准确的语言分析技术动作要点、战术方法等,使学生通过听觉器官感知足球教学内容的教学方法。在高校足球教学实践中,教师要掌握好讲解的时机,突出重点,分清主次,把握好难易程度。

(二)示范法

示范教学法,指教师在教学过程中运用挂图、投影、幻灯以及录像等多种手段,示范足球技术动作、战术配合方法,使学生通过观看感知教学内容的方法。在高校足球教学实践中,教师要把握好示范时机和示范面,正确示范。

(三)纠错法

纠错法是教师对大学生在练习中出现错误动作时,及时给予纠正的教学方法。在高校足球教学实践中,注意先找出错误,再按错误产生的原因和解决问题的步骤进行。具体可采用诱导法和条件限制法组织教学。

(四)练习法

高校足球教学中的练习法应在讲解与示范的基础上进行。根据不同的划分标准,练习法具体划分如下:按形式分,练习法可分为完整练习、分解练习、简单条件下的练习和复杂条件下的练习;按运动特点分,练习法可分为个人技术练习、配合性练习和对抗性练习等。在高校足球教学实践中,注意练习法运用的实效性,合理安排运动负荷,避免运动损伤的发生。

(五)案例教学法

在教学中选择足球比赛中比较典型的案例作为教材内容是十分有效的教学方法之一。通过案例分析,能使学生更好地理解和巩固足球的基本概念,归纳出基本的知识要素和要求,最后达到掌握足球理论与技战术的目的。案例教学法多用于足球战术配合教学、竞赛组织编排和足球规则与裁判方法等内容的教学。在高校足球教学实践中,教师选择的教学案例要能较好地反映教学内容,并且具有典型的理论与实践意义。

(六)学习教学法

学习教学法,指依据教学目的、教学任务以及初始测量的结果,把教学内容分解成不同的目标分类体系,然后据此目标分类体系制订出相应的评价的方法。在高校足球教学过程中,要分别对教学状态进行评价,并将最后的评价结果反馈给学生,使学生对足球技战术的理解和掌握有一个清晰的认识,最终达到提高高校足球教学水平的目的。学习教学法的整体模式如图2-1所示。

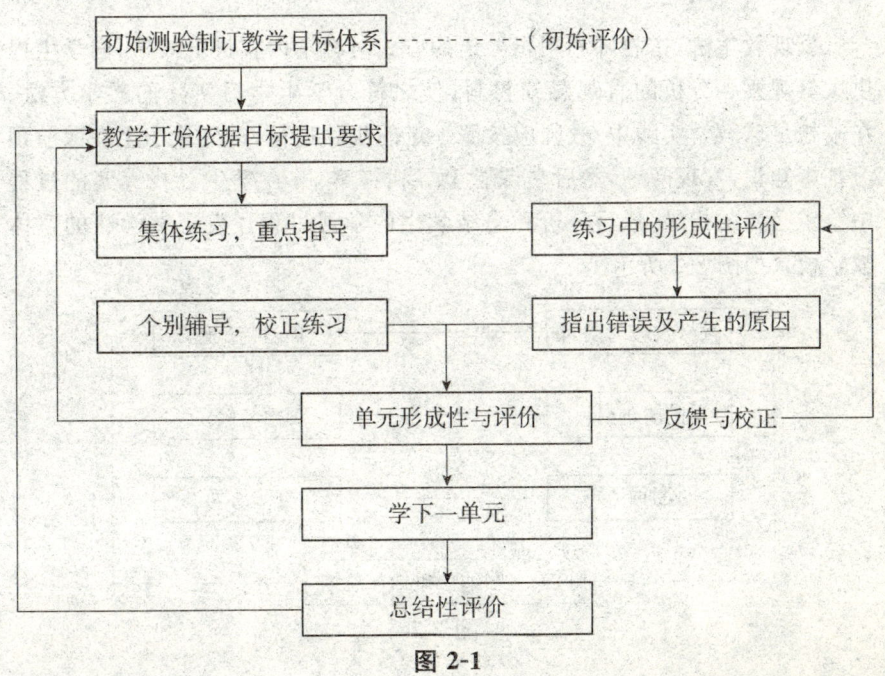

图2-1

(七)合作学习法

合作学习法,指在教学过程中对学生进行分组,使学生以小组的形式完成学习任务的教学方法。在高校足球教学实践中,可以依据自愿的原则将学生分成若干个小组,让学生以小组为单位进行足球技术动作和战术配合的练习。在教学过程中要多运用小组练习、小组评价、小组竞赛等方法组织教学,同时注意学生的分组搭配,要充分发挥学生技术骨干的作用,优生帮助差生,使学习成为学生之间的合作活动,使学生在愉快的学习环境以及和谐的人际关系中完成学习任务。

(八)程序教学法

程序教学法,指依据认知和技能形成的基本规律,将足球技术、战术教学内容分解成为若干个相互联系、便于学习的"小步子",同时建立起相应的评价信息反馈系统的教学方法。在高校足球教学实践中,学生首先依据小步子进行学习,然后评价学习情况,最后依据评价的结果反馈学习效果,教师针对反馈信息有的放矢地组织教学。

(九)发现教学法

发现教学法,指教师利用指导语的方式对教学内容进行改造,向学生提供大量观察和分析的直观感知材料,使之符合学生学习实际的教学方法。在高校足球教学实践中,教师应按照一定的步骤进行,首先让学生在课前预习基本知识,发现问题,然后在课堂上寻找答案,并在学生寻找答案的过程中给予必要的指导,最后分析和总结学生的学习过程。发现教学法的整体教学模式如图2-2所示。

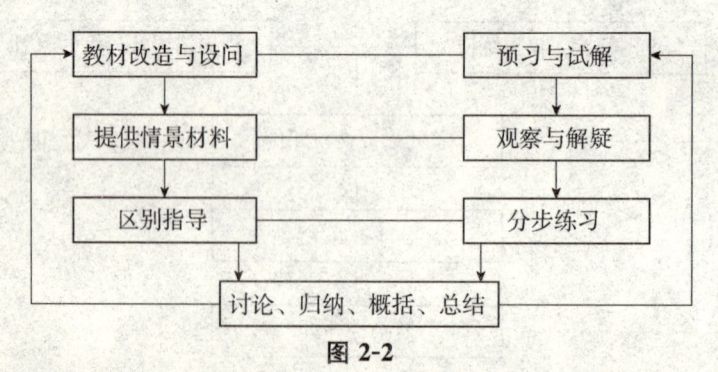

图 2-2

第三节　高校足球教学课的组织实施

一、足球教学文件的制订

(一)教学大纲的制订

教学大纲是教师教学工作的指导性文件,是高校足球教学重要的依据,是衡量教学工作任务是否完成的基本依据,科学、合理的教学大纲能更好地促进高校足球教学工作的完成。

1. 教学大纲的内容

(1)说明:主要阐述教学大纲制订的依据、原则和课程性质,提出具体的完成措施。

(2)教学目的要求:阐述足球教学的具体任务。一般包括基本理论知识、基本技战术及技能、发展学生身体素质的要求和思想品德教育、专业思想教育,培养学生的集体主义精神、培养学生优良的意志品质等。

(3)教学内容及时数分配:阐述不同教学内容的时数划分比例,理论教学与实践教学的比例,理论教学的题目和课时、考核、教学条件和参考书目等。

(4)教材及参考书:列出课程使用的教材和教学参考书。在学习和掌握教材内容的基础上,选择性地参考一些比较权威的足球专著,以丰富和补充教学内容。

(5)教学设施:包括场地和设备,比赛所使用的秒表、口哨、号码衣等器材。有条件的可建立和完善足球电化教学设施。

(6)考核内容和方法:主要包括理论知识、技战术、技能的考核。理论知识考核一般采用笔试的形式;技术考核可采用技评和达标的形式;技能考核可采用作业评检、实习、实际操演等形式进行。

(7)成绩评定:主要包括思想品德、学习态度、理论知识、技战术与技能等的评定。基本技能的评定可与平时考核相结合,总成绩中各部分的权重与比例应根据培养目标的要求来确定。

2. 制订教学大纲的要求

(1)从教学实际出发,落实教学计划所规定的培养目标和要求,提出教学目的和教学任务。

(2)根据足球运动特点、课程任务和教学时数确定教学内容,突出基本理论知识、技战术与基本技能的教学训练与培养。

(3)合理分配教学课程的时数,保证理论教学与实践教学的适当比例,确保教学任务的完成。

(4)制订教学大纲应重视教学内容的系统性、科学性和先进性。

(5)教学大纲的考核内容应以基本理论、基本技术与技能为重点。考核方法要全面、客观地反映学生的真实水平,评分方法力求科学和合理。

(二)教学进度的制订

1. 制订教学进度的作用

教学进度是根据教学大纲所规定的教学任务、教学内容和时数分配,把教材内容具体落实到每次课中的教学文件。它是教学方法和教学策略的反映。合理制订教学进度能有效地提高教学的质量与效果。

2. 制订教学进度的要求

(1)重点突出,合理安排。根据教学大纲的规定和要求,以及足球运动技能形成的基本规律,合理安排教材内容,并适当地增加教学重点出现的次数,突出重点。

(2)教材安排符合逻辑。教材的安排应体现理论知识和技术结合的逻辑关系,使学生在学习时能产生积极的迁移。

(3)注重教学课的搭配。注意合理分配每次课的不同教学内容分量及合理搭配,同时遵循循序渐进的教学原则。

(4)理论与实践相结合。足球教学课程的安排,应本着理论指导实践的原则,有针对性地安排理论课教学,使理论与实践紧密结合。

(三)教案设计的制订

1. 编写教案的要求

(1)教学课的基本任务要根据教学目标、进度、教学的性质来确定。

(2)针对教学课的基本任务确定相应的教学方法。教学组织应严谨有序,教学过程有条不紊。

（3）考虑场地、器材、设备、学生的人数、学生基本运动能力等要素,正确运用教学方法和教学步骤,合理安排练习次数和运动负荷。

（4）从整体出发确定教学任务,同时注意因材施教,个别对待。

（5）注意课与课之间的衔接,保证教学过程的完整性和系统性。

2. 教案的结构和格式

（1）教案的基本结构

准备部分:主要目的在于明确足球课的教学任务与要求;调动学生学习的积极性;做好准备活动,进入良好的适应状态。基本内容有足球基本功练习、身体素质练习、足球游戏等。一般用时 15~20 分钟。

基本部分:主要目的在于发展和提高一般和专项身体素质;学习足球基本理论知识、技战术;培养学生教学活动的组织管理能力。在教学实践中,必须要突出重点,主次分明。基本内容主要包括教学顺序与步骤,练习方法、手段、次数、时间,运动负荷,教学组织管理等。一般用时 70~90 分钟。

结束部分:主要目的在于结束本次课的教学活动,使学生逐渐恢复到相对安静的状态。一般采用自我按摩、互相按摩、舞蹈和罚球等轻松愉快的练习形式组织教学,以达到放松、消除疲劳的目的。结束部分要简明地进行小结,对学生完成学习任务的情况给予恰当的评价。一般用时 5~10 分钟。

（2）教案的基本格式

在高校足球教学实践中,一般采用表格式和条文式的教案。

表格式:如表 2-1 所示,表格式教案是在确定了课的任务之后,按表格各栏的先后顺序,填写各部分的教学内容、组织教法、练习次数、运动量及其他相关事项和小结。

表 2-1　足球课教案表格式

授课班级		课的编号			上课日期			
课的基本教材					课的任务			
课的部分	时间	课的内容	组织工作	教学步骤	运动负荷			常犯错误及纠正方法
					时间	次数	心率	

条文式:条纹式教案多用于理论课的教学,除填写表格式课时计划规定的项目外,以讲授提纲与组织教法的方式配合理论课讲稿使用。

二、足球教学课的组织

(一)足球理论课的组织

足球理论课教学的主要任务是让学生掌握基本的足球理论知识,包括足球的技战术基本理论,足球的发展趋势,足球的教学、训练、裁判、组织竞赛等,使学生理论联系实际,并指导足球运动实践。

足球理论课教学一般采取课堂教学的形式来完成。在高校足球教学过程中,以教师讲授为主,并配以适当的课堂讨论,引发学生学习的兴趣。首先,以提问或讲述的形式引出前次足球课的教学内容,为新授课的内容做好学习准备。其次,进行本次课内容的讲授,突出对足球课的重点和难点进行反复的论证,采用提问、作业等形式,强化学生对教学重点和难点的理解与掌握。在足球课的结束部分,教师要简明扼要地总结和归纳本次课的重要知识点,布置课后作业,并宣告下堂足球课的教学内容。

(二)足球实践课的组织

1. 准备部分

高校足球实践课准备部分的主要任务是通过一定的身体活动,使学生机体由相对静止状态进入工作状态,为学习足球课程内容做好生理和心理上的准备。

准备部分的教学可采用与足球基本教学相呼应的走跑练习、基本体操、控制球的专门练习和引导性、针对性、激励性的游戏等方法进行身体活动,逐步增加运动负荷,以达到活动身体的目的。另外,还可采用简单技术练习的方法,以达到技术动作学习和身体活动的目的。准备部分的活动组织一般采用集体作业的方式进行,内容可根据课的任务、时间、学生身体素质和气候条件等略有增减。

2. 基本部分

高校足球实践课基本部分的主要任务要根据足球课教学进度的内容安排,进行足球技战术的教学和练习,全面发展学生的身体素质,培养学生良好的心理品质和足球意识。

基本部分的教学应突出足球教学的重点内容,结合教案和学生的具体情况来选择相应的教学方法和手段,同时还要布置必要的作业练习。本阶段的教学方法可采用讲解与示范、练习和纠正错误等方法,使学生巩固旧知识,同时体会和练习新内容。具体教学步骤为:先学习新教材内容,然后巩固和改进已学过的教材内容,最后进行足球教学比赛和发展身体素质的练习。在教学实践中要合理安排教学时间,充分利用足球场地和教学设备,逐步增加学生练习的次数,选择适宜的运动负荷量,提高学生练习的质量和效果,使学生逐步掌握和改进足球技能。另外,教师要时刻注意观察学生练习的情况并做好记录,及时调整练习方法,使整个足球教学过程合理而有效的进行。

3. 结束部分

高校足球实践课结束部分的主要任务是使学生逐步恢复到课前相对安静的状态,通常采用集体活动的形式来进行。

结束部分一般要根据教学内容的性质、练习的强度与密度等,选择一些降低运动负荷的练习,如慢跑、简单的运球、传球、活动性游戏等。在整理活动结束后,教师要对本次课的总体学习情况进行简明扼要的总结,对教学任务完成情况作出恰当的评价,在肯定学生学习成绩的同时找出不足,明确下一步努力的方向。最后布置课后作业,预告下次课的主要教学内容。

(三)讨论与实习课的组织

1. 讨论课的组织

足球讨论课不仅可以提高学生的表达能力,还可以培养学生的观察能力与分析能力,激发学生的创造性思维。足球讨论课多在进行足球技战术分析、规则裁判法等的教学时采用。

在讨论课开始前,教师提前宣布要谈论的内容、要解决的问题,以及课堂纪律要求等。在讨论前,对要讨论的对象进行观摩,要求学生做好观摩笔记,记下感想、体会和疑问等。

在谈论课结束后,教师先作引导性发言,然后采用民主的形式,组织学生围绕本次课的议题进行发言,鼓励不同意见的发表和积极的争论。最后,教师针对讨论作总结性发言,评述讨论的问题和学生的讨论情况。

2. 实习课的组织

足球实习课能有效地提高学生对足球的教学训练能力、裁判水平和组织竞赛能力等。

实习开始前,教师要确定好实习学生的人数,并指导其做好准备工作。

实习过程中,教师要及时做好观察记录。

实习结束时,教师要及时进行评价,实习生要写出实习总结,另外,鼓励学生参与对足球实习课的讲评与讨论。

三、足球教学工作总结

足球课程结束时,教师要向教研室和上级主管部门提交教学工作的总结性文件——足球教学工作总结。足球教学工作总结是教师自身评价教学任务完成情况、总结经验和找出差距的文字材料。教师要实事求是地反映教学过程,注意总结教学规律,发现教学过程中影响教学质量的问题,以在下一轮足球教学的深入研究提出新课题,使教学质量不断提高。

高校足球教学工作总结主要包括以下几部分。

(1)基本情况介绍:课程性质、课程任务,教学时数、学生人数及学生所在的系和班级、教学条件等。

(2)教学过程介绍:教学中采取的教学改革方案或措施,实事求是地对执行情况作出自我评估,总结教学改革的成功之处,指出存在的问题以及产生问题的原因。

(3)教学过程评价:对学生学习状态进行总体评价,特别要重视分析教学中学生主体作用的发挥情况;对学生的学习成绩进行客观分析,必要时以数据和事实根据对教学过程作出准确的比较性评价。

(4)教学设想和建议:根据本阶段或学期足球教学任务的完成情况,对足球教学中所遇到的问题进行分析,对下一轮的足球教学工作提出改革的设想和建议,必要时可建议教研室和教学主管部门进行专题研究。

第四节 现代教育理念在高校足球教学中的运用

一、现代教育理念

(一)终身教育理念

人终其一生都要不断地进行学习,而社会需要为这个终身的学习过程提供条件和空间,这便是终身教育的理念。终身学习是现代学习化社会的重要理念,对人才的发展、社会的建设起着重要的作用。可以说,终身教育就是为终身学习提供条件和空间的。

当今社会、知识更新换代越来越快,因而要求人们对知识的学习要不断跟进。那么,在这种社会条件下,必然会产生终身教学的理念。可以说终身教育理念是社会发展到一定阶段的产物和现象。终身教育理念的形成和社会发展有关,但却是多因素共同作用的结果。具体分析,其形成有教育内部的一些主观因素的影响,也有外部社会客观因素的作用。内部因素为终身教育形成提供了理论和基础,外部因素提出了终身教育的要求,二者结合,最终才能形成现在的终身教育思潮。

1. 内部教育主观因素

终身教育的出现,也有教育自身发展的原因。过去的教育理念存在一定的弊端,并不能适应社会发展的需要,因而促使终身教育的形成和产生。传统教育具有阶段性和终级性的特点,是片段性的教育。而人的一生都需要进行学习,所以传统的教育模式有着很大的局限性,导致学校教育与社会教育脱节,学校教育与社会需要之间的矛盾由此产生。为适应社会发展,从教育自身的发展来说,也要求终身教育理念的出现。

2. 外部社会客观因素

(1)科技急速革新促使终身教育产生。20 世纪以来,社会急速发展,科学技术日新月异,特别是在很多领域,科技有了革命性的进展。在一个整体科技革新的大环境下,人与社会发生了巨大的变化,人类传承几千年的生活方式、习惯,甚至是习俗等,都发生了翻天覆地的变化。另外,科技快速发展,知识更新速度进一步加快,导致社会从过去的固态稳定走向了不断变化的动态模式。这些对人类的思想观念带来的冲击是巨大的,人们只有不断地变化自己的观念,不断地学习新的知识,才能跟得上社会发展的步伐。而教育是人们获得知识的主要途径之一,也是影响人们观念改变的重要途径,因此科技急速革新的社会对教育提出了更高的要求,要求与社会发展相适应的终身教育出现。

(2)人口爆炸性增长与老龄化问题促成终身教育产生。在 20 世纪 70 年代,人们就开始认识到人口爆炸性增长是人类发展的重大挑战。人口数量急增,入学人数也就相应地增加,从而对学校教育领域带来了极大的挑战和压力。从我国的情况看,在很长一段时间里人口对教育的需求超过了学校教育能承受的极限。这种情况必定还会在很长一段时间里存在。那么,这就导致了有限的教育资源与庞大的受教育人数之间产生尖锐的矛盾。随着社会的发展,这种矛盾越演越烈。特别是我国高等教育领域,目前我国高等教育机构不少,大学也进行了扩招,但还是有非常多的青少年不能走进大学课堂。想要处理好这种矛盾,就必须要改变过去的教育方式和教育理念,将封闭式的学校教育系统开放,施行社会大教育、普及终身教育的理念。只有社会教育和终身教育,才能在一定程度上缓解我国受教育人口基数大和教育资源有限这二者之间的矛盾。另外,人口老龄化也在一定程度上要求终身教育的出现。老人也需要进行学习才能适应社会发展,社会必须调整传统的学校教育体系,在青少年教育体系外增加老龄教育的范畴,才能适应老人的学习要求。终身教育需要将人们接受教育的年限定位在从儿童到老年人之间,这是社会发展的要求。

(3)民主化和信息化在一定程度上推动了终身教育的产生。从20世纪开始,民主的观念逐渐成为现代社会的核心观念之一,在世界的不同角落和地区都进行着民主化的推进。社会民主化不但影响社会经济和政治,对教育领域也产生巨大的影响。教育民主化的需求已经成为现代社会群体性的呼声,而终身教育正是教育民主化的核心之一。另外,现代社会是一个信息化的社会。信息化社会有两个重要的表现:一是信息量巨大,并且爆炸性增长,出现了所谓的"知识爆炸"的现象;二是信息更新换代加快。这就表示,人们不可能掌握所有的信息知识,如果人们不能准确地选择信息,及时地更新自己旧的信息知识,必定难以跟上社会发展的步伐。因而,迫切需要终身教育理念的出现,因为终身教育能指导人们筛选信息,给人们的学习提供必要的帮助。

综合上面的观点,终身教育理念的出现,是社会发展要求和教育自身发展的产物。

终身教育建立在"学会认知、学会做事、学会共同生活和学会生存"四个支柱之上。其实施不是某个单一教育环境所能进行的,需要学会整体参与。另外,还必须加强社会各种教育部门之间的紧密联系才能保证终身教育观念的具体实施和落实。终身教育理念运用到体育教学中,便促使了"终身体育"观念的形成,从而也会对足球运动产生巨大的影响。

(二)合作教育理念

针对教育理论中忽视师生之间的人际关系的情况,提出了合作教育的理念。合作教育理念主要是塑造新型的师生关系,以充实教育理论的不足。合作教育也是现代这会发展和科技发展的产物,对足球运动教学产生着重大的影响。

合作教育理念摒弃传统的权力与服从,从而建立平等、健康的师生人际关系。其要求在教育中,以学生的发展为中心,学生是教学的主体,而教师主导教学,二者并重,相辅相成。该理念下,学生没有强制学习,教师以引导学生主动学习为重任;要求教师在教学中应尊重学生的价值、尊严以及人格,培养学生自尊心,始终注意发挥学生潜能、重视其个性;还要在教学过程中强调教师关键的作用,教师要创造平等、民主的课堂气氛,引导学生进行学习;教学实践的具体操作方面,要以人际关系为中心,师生之间进行多样化的合作。

(三)创新教育理念

创新教育以培养创新型的人才为宗旨,是创新型社会的产物。它的兴起除了教育自身发展要求外,最重要的原因还是近代当代世界形势发展的要求。当今世界各国都非常重视创新教育,创新性人才将是决定未来社会走向的人力资源。创新教育理念要求全面发展学生的智慧品质,全面发展学生的个性品质,其要体现学生主体的创造精神,贯穿于教育之始终。

(四)多元智力理论

过去认为智力是以语言能力和逻辑能力为核心,以整合的方式存在的一种能力。但事实上并非如此。人们逐渐认识到智力是多元的,由诸多不同因素构成的。

国外有学者认为,人的智力包括:言语——语言智力、音乐——节奏智力、逻辑——数理智力、视觉——空间智力、身体——动觉智力、自知——自省智力、交往——交流智力,另外还有自然智力,也就是人们认识世界、适应世界的能力。这些智力因素相对独立,各有不同的发展规律。正常条件下,有适当的外界刺激和个体本身的努力,个体便可以发展和加强自身的任何一种智力。

多元智力理论对教育有重要的影响,主要表现在三个方面。一是学生观方面。多元智力理论提倡学生积极学习。每个人都有多种智力,不过组合和发挥的程度不相同。因而学生应该找出自己的智力优势所在,用正确的方法来发展优势智力,从而使自己得到良好的发展。而教育应该以学生为中心,适应学生的特点来进行。二是教学观方面。多元智力理论提倡的教学应该因材施教,学生智力特点不一样,因为不能统一普遍进行教学,必须要针对学生的智力特点,进行个性教学,这样才能有助于学生的发展。三是评价观方面。教育的效果如何需要经过评价得出相对的结果。多元理论主张多渠道、多元性的评价,因而要改变传统单一的评价方式。

(五)范畴教育理念

前联邦德国教育专家克拉夫基主张将"形式教育"和"实质教育"统一，从而提出"范畴教育"理论，这是主客观同时得到开发的教育。范畴教育具有两个基本特征。一是教育本质的整体性。"既要形式教育，又要实质教育"，要辩证地把实质教育和形式教育理论统一起来。二是教育过程的双重开发性。教育过程是一个通过自身经验或学习其他经验获得客观和主观两方面统一的过程，该过程具有双重开发性。因而在教学中，要将传授知识和发展能力并重。

(六)教师专业化理念

教师专业化是教育必然的要求，专业的教师更有利于教学开展以及教学领域的发展。教师专业化要求教师职业必须具备以下基本特点：应该具有完善的、高标准的知识基础，正所谓学高为师；要求接受过良好的文理科教育，并不断进行学习和创新；在工作中，教师应该具有较多的自主权，从而发挥教学的积极性；教师必须具有强烈的责任感和正确的职业道德观，并且还要具有良好的个人品质。

二、当代教育理念在高校足球教学中的运用

(1)在足球运动教学中，要不断激发学生对足球运动的兴趣，从而培养学生的终身体育意识。从现代教育理念来看，教学应该激励、唤醒和鼓励学生去自主学习，仅仅传授学生知识显然是不行的。因而足球运动教学要激发学生对足球运动的热爱，让学生主动学习足球运动，并将足球项目作为终身体育的基础。

(2)在足球运动教学中要以学生的发展为中心，教师主导教学，要重视学生的主体地位。在传统的教育模式下，学生作为教学的对象，是处于被动学习状态的，老师为学生灌输知识，不重视学生的感受和体验，往往会使学生感到厌倦。但是，新的教育理念要求足球教学关注学生全面发展，关注学生的情感体验，从教学设计到评价之间的各个环节都要从有利于学生主动、全面发展的角度出发，要求注意体现学生的主体地位，充分发挥学生积极性和学习潜能。

(3)在足球运动教学中要关注个体差异，适应学生的不同要求，确保照顾到每一个学生的学习特点和自身条件。足球教学中，教师要因材施教，尽量为不同智力潜能的学生提供相应的教学条件和途径，从而使学生掌握足

球知识,并发展相关运动能力,提高运动技术技能。

(4)在足球运动教学中要注意培养学生对足球教学训练课的设计能力。体育教育专业的足球教学中,教师要通过自己对足球教学训练课的组织教法和实践来培养学生对足球教学训练课的设计能力,在这个过程中要向学生传输教师自己对现代足球和现代教育理论的理解思路。

(5)在足球教学实践中,必须形成良好的师生人际关系。足球教学的师生合作是平等的、民主的,教师不能以权威自居,而学生也不应该惟命是从。教师的教学应该很开放,学生可以有自己的想法,也可以提出自己合理的意见。这样让学生成为学习主体,才能充分发挥学生的主观能动性,极大地发展学生的个人能力。在足球教学过程中,师生应该相互尊重,相互信任,相互之间支持协作,这是建立和谐师生人际关系的基础。

(6)足球教学中要注重创新。现代足球运动处在快速的发展之中,创新意识很强。特别是我国足球运动水平较低,想要走向世界必须要在观念、理论和实践中有所突破和创新。

(7)足球教学要求教师认真钻研足球专业知识,提高执教水平,进而提高整体素质。教学理念中教师的专业化对足球专业的老师也提出了很高的要求,教师只有认真钻研足球专业知识,发展自身,才能适应现代足球运动教学的要求。

第三章 高校足球训练的基本理论

随着现代足球运动的不断发展,高校足球运动的对抗性越来越强、动作越来越快、样式越来越多、技战术水平越来越高。这些都离不开科学、合理的训练。高校足球训练不只包括科学合理的训练方法,还要求有全面、系统的理论知识作为指导。从这个意义上来说,研究高校足球训练相关的基础理论对于指导高校足球训练,从而提高高校足球竞技水平就具有非常重要的意义。

第一节 高校足球训练的原则与方法

一、高校足球训练的原则

足球教练员根据足球运动的客观规律,针对学生运动员的实际情况制订科学、合理的训练计划,对于高校足球运动员的个人能力和球队整体水平的提高有积极的效用。高校足球训练的过程是一项科学全面的系统工程,是一项从易到难、从简到繁、由量变到质变的积累过程。训练必须有系统的理论作为支持,应该遵循足球训练必须遵循的原则。高校足球训练的原则是高校足球运动客观规律的反映,是人们在长期的足球运动实践中经验的总结,是想要达到理想锻炼效果一定要遵循的基本准则。因此,要想使高校足球运动训练顺利进行,并且取得较为理想的训练效果,就必须遵循这些原则。高校足球训练在长期的发展中逐渐总结出了一些原则,主要包括:系统性原则、全面性原则、周期性原则、"三从一大"原则、训练与比赛相结合原则、区别对待原则、积极主动原则、适宜负荷原则。一般训练与专项训练相结合原则等。

(一)系统性原则

高校足球训练的系统性指的是从训练开始的最初阶段到运动员达到一

定技术水平并且继续提高运动能力的训练过程中要实现前后连贯、紧密相连的系统训练。高校足球运动的训练实践证明,要想使足球运动员的技术水平和身体素质得到切实的提高,从而在足球比赛中有更佳的表现,那么必须经过长时间的系统训练。如果只是短期、零碎的训练是不能达到良好的效果,培养出优秀的足球运动员的。

现代足球训练中的各个训练阶段以及各个训练阶段的内容都是彼此相关、相互影响和相互促进的。要在系统的训练过程建立足球运动的条件反射,如果是间断的训练很可能使建立起来的条件反射消失。严格贯彻系统训练的原则可以保证足球训练的训练效果,在这个过程中要注意两个方面的内容:一是在高校足球训练的过程中要坚持长时间的系统训练,设置合理的训练阶段,并使得每个训练阶段紧密联系起来而成为一个统一的整体;二是注意在高校足球训练中要使得训练周期和训练阶段有机的结合起来,不可以出现间断,课与课之间、周与周之间、周期与周期之间以及各训练阶段之间,在训练内容、重点、方法和运动负荷的安排上要有机地结合起来,使上一阶段的训练成为下一阶段训练的准备,使下一阶段的训练成为上一阶段训练的继续和提高。总之,应使每次训练都能取得良好的训练效果。

(二)全面性原则

足球运动是一项全身的运动。在足球比赛中,身体的各个部位、各器官的功能都得到了发挥,各种身体素质如力量、速度、柔韧性、灵敏度等都得到了体现。在高校足球训练中,就要对这些身体素质都进行科学、合理的训练,从而使运动员的身体素质得到综合的提升,如果只是训练个别部位或个别身体素质突出,很难使运动员的身心得到和谐发展,对于提升足球运动水平也没有良好的影响。

足球运动是进行全面性的锻炼,是各身体部位、各个项目、各个性质的运动结合在一起的。进行全面训练可以使身体的各个部位,各项身体素质相互促进,共同提高。高校足球运动训练的全面性原则具有重要的综合指导意义,为了保证足球训练取得良好的训练效果,一定要使全面性原则得到合理的贯彻。

(三)周期性原则

足球运动的技术一般要经过多次的重复训练才能逐渐掌握、熟练和巩固。足球运动员的身体素质必须通过多次的重复练习才能得到逐渐的发展,足球比赛的成绩必须通过多次的训练才能得到保障。因此,足球运动必须进行系统的、持续不断的、周期性训练才能取得理想的训练效果。

周训练是阶段性足球训练的基本单位,而阶段性训练又是年度训练的基本单位。每个足球运动员都会经历多个这样反反复复的训练周期。足球训练在周期上是一个螺旋上升的过程,经过一个周期的训练,足球运动员的技术水平会得到一定的提高,从而在下一个周期的训练中具备较好的基础,而这个周期的训练也会为下个周期训练提供更高的起点。足球运动员的水平就是在一个又一个周期的训练中得到提升的。在周期性训练过程中,运动员的身体素质、技术、战术,以及心理机能、恢复能力和理论知识等方面都会逐渐得到提高。教练员在遵循周期性原则的基础上,还要根据训练者的实际情况和运动水平,有针对性地不断调整训练内容、各方面训练的比重和要求,要做到有针对性的制订训练计划,而不是在不同的周期只简单的进行重复,应该循序渐进,逐渐提高。

(四)"三从一大"原则

高校足球训练要秉持"三从一大"原则,这是从我国高校足球训练的多年实践经验当中总结出来的重要原则之一,对于提高高校足球运动水平具有重要的影响。

"三从"指的是"从严、从难、从实战需要出发"。训练要求"从严",这就需要对运动员进行严格要求,严格训练,对运动员的技术水平和身体各项素质都提出更高的要求,以便于激发出运动员的最大潜力;"从难"就是指在训练中要合理地增加训练难度,使运动员不断地克服技术、战术上的难点,不断地提高体能和心理承受能力,从而促进其全面迅速地提高;"从实战需要出发"就是要求足球训练的安排要严格遵循足球运动比赛的规律,根据比赛对手的特点,根据本方队员的各自身体特点和技术特点进行有针对性的训练提高。并且要从实战需要出发,制订合理的训练计划,以便在比赛中可以取得良好的成绩。

"一大"是指"进行大运动量的训练"。具体说就是要进行有效的大负荷训练,通过加大训练量激发运动员的运动潜质,提高运动员的技术素质和身体素质。这是进行科学训练的必由之路。但是在贯彻"一大"原则时,要注意使训练具备足够的时间和强度,还要求训练要在科学的监控之下进行。

(五)训练与比赛相结合原则

足球运动是一项注重比赛的项目,比赛成绩不仅是运动的目的之一,在比赛中也可以发现训练中的问题,从而指导训练。因此,高校足球训练要和比赛结合起来进行,使得比赛指导训练,同时训练可以有针对性的为比赛服务。

在高校足球运动中，各个训练周期的主要任务不同，比赛次数也要不同，比赛和训练的关系要安排得当。要使得训练与比赛相辅相成，相互促进。在实际操作中，初学者和技术水平不高的足球队应该以训练为主，要在训练中打好基础，尽量不要安排过多的比赛，以免影响他们训练的积极性；但是对于技术水平较高的足球队则应该根据他们的身体状态，相应地安排一些比赛，在比赛中发现问题，从而对训练形成指导，同时可以通过比赛增强他们的自信心和心理承受能力。

训练与比赛相结合是指在高校足球运动训练的整个过程中，技战术的训练要符合足球比赛的实际需要，通过训练与比赛发现问题，促进技战术水平的提高。足球训练的目的就是为了比赛。足球训练的任务就是创造条件、改变条件、变换环境、增强实力以在比赛中获得更加优良的表现和理想的成绩。

（六）区别对待原则

区别对待就是具体问题具体分析，这就要求足球教练员在日常训练中要根据运动员的个人特点和身体素质，如年龄、性别、身体条件、承担负荷的能力、技术水平和心理品质、文化程度等方面，有针对性地制订训练任务、选择训练方法、手段和安排运动负荷。这一原则在高校足球运动训练中具有非常重要的作用和意义。

不同的运动员由于性别、年龄等，具有不同的身体素质，也就有不同的运动能力。这些都会影响到运动员技战术水平的发挥和提高。如果对不同的运动员采取同一种训练方法，就很难取得应有的训练效果，造成资源和时间的浪费。这就要求教练员要根据每个运动员的实际情况，从实践经验出发，制订有针对性的训练计划。特别是在训练的过程中，每个运动员的起点不同，进步速度不同，随着训练的进行，他们的身体素质和技战术水平发生的变化也各异，这就要求教练员不停的针对实际情况进行科学、合理的调整。

为了能够更好地在高校足球训练中贯彻实施区别对待原则，在足球训练过程中，有以下两个方面的事项需要注意。

(1)教练员要对运动员的实际情况进行深入细致的了解，包括运动员的身体素质、技术水平、年龄、学习能力等。并根据这些情况来有针对性地选择适宜的训练方法。教练员在训练过程中要建立丰富的资料库，监测运动员的身体素质及技战术的发展变化水平，做到真正了解每一个运动员。

(2)训练中要兼顾运动员个人素质的提高和球队整体水平的提高，根据球队的需要和运动员的个人水平，制订合理的训练计划。在全面了解全队和每个人的基础上,充分反映全队的特点和个人的特点,既有对全队的要求,又有对个人的要求。

(七)积极主动性原则

足球运动的训练过程是个长期而艰苦的过程,在训练中会遇到各种困难,如果运动员的训练目的不明确,没有主动积极的参与训练就很容易产生退却的心理,甚至会导致运动员的训练半途而废。在这个意义上来说,调动运动员的积极性显然对于长期的训练有重要意义。要想在高校足球训练过程中更好的贯彻积极主动的原则,要求做到以下两个方面。

(1)足球运动员明确自己参加足球运动训练的目的,明确自己参加的动机,端正自己的训练态度。明白足球运动可以对自己的身体、学业和心理素质产生积极影响的道理。认识到足球训练的价值,正确使用科学方法,才可以取得最佳的训练效果。

(2)要使运动员真正对足球运动产生兴趣,把被动的接受训练变成主动要求训练,应该培养他们对于足球的热爱,让他们对于足球运动的产生发展和现状有系统的了解,培养他们对于著名球星的喜爱,这样才可以激发他们对足球运动的热爱情绪,从而主动地进行训练。这不仅是心理上的积极影响,也会对生理上造成影响,良好的兴趣激励会使得运动员的身体机能上升,产生身体上的良性循环,使运动员体内血糖上升、肌肉力量增加,会使得运动员的精神更加饱满,精力更加充沛。

(八)适宜负荷原则

适宜负荷原则指的是高校足球运动员在进行训练的过程中要根据训练任务、训练水平和训练要求,科学合理地在各个训练环节中逐渐增加负荷量,直至达到最大负荷要求。这一原则在高校足球训练中具有重大意义,这是对"三从一大"原则的补充。其在很大程度上影响着训练的最终效果。在具体实行的过程中,要对以下两个方面予以注意:一是要根据训练的实际情况考虑运动负荷的安排;二是在训练过程中,要明确知道运动负荷的提高过程,运动负荷会经过增大—适应—再增大—再适应的螺旋提高过程。

高校足球教练员在制订足球训练计划时,要合理考虑适宜负荷原则,既不能因为负荷太小而达不到应有的训练效果,也不能因为运动负荷过大而对运动员的身体造成损害。适宜负荷原则要求合理考虑运动员在不同训练阶段身体素质水平的发展情况,以及对负荷强度和负荷量的承受能力,在此基础上确定适宜负荷。训练中运动负荷的增大必须是循序渐进的。在增大运动负荷的过程中要处理好负荷量和负荷强度的关系,同时处理好运动负荷与恢复的关系。另外,训练中运动负荷的增加必须达到极限。这样才可以最大程度的提高运动员的身体素质和技术水平。其原因主要有以下两个方面:一是因为只有极限负荷的刺激,才能将运动员机体的机能潜力充分挖掘出来;二是因为只有经过不断的训练形成超量恢复,才能够提高运动员的身体素质和运动水平,才能够适应激烈的比赛环境、创造优异的运动成绩。

(九)一般训练与专项训练相结合原则

足球训练中的一般训练是指通过多种多样的身体训练来提高运动员各器官系统的机能,全面发展运动员的运动素质,改进身体形态和一般心理品质的训练。专项训练指的是在足球训练中更加侧重足球专项技术动作、战术方法的训练。一般训练与足球专项训练联系紧密,是不可分割的整体。

一般训练和专项训练相结合原则,就是指在高校足球训练的过程中,要根据足球运动的专项特点、运动员的训练水平和不同训练时期、阶段的训练任务,适当地安排一般训练和专项训练的比重。要根据不同层次足球运动员的训练水平、足球训练的专项特点和训练任务,有比例地进行安排。对于年龄小、身体素质差、技术水平低的运动员,一般训练的比重就大;对年龄大、身体素质好、技术水平高的运动员,就应加大专项训练的比重。同时,在不同训练阶段,对于一般训练和专项训练比重的安排也有所差别。一般主要有以下两种情况:一是在多年训练的基础训练和专项提高阶段,训练大周期的准备期的第一阶段和过渡期、恢复调整的小周期,就需要安排一般训练的比重大一些;二是如果在比赛阶段,那么就需要根据实际情况和需要安排专项训练的比重大一些。

二、高校足球训练的方法

高校足球训练一般根据人体的生理特点,从运动员实际练习经验来总结训练最科学、合理的发展方式。影响足球训练效果的主要因素就是足球训练的方法,一般现在通用的、被实践证明合理有效的方法有以下几种。

(一)循环训练法

循环训练法就是足球运动员按照预先设计好的顺序进行训练,所有训练项目做完之后再从头开始,运用循环往复的方式周而复始地进行练习。

运动员应该按照预先设定的要求在各个练习点进行练习,当一个阶段的训练完成之后马上进入下一个阶段的练习,当完成所有的练习之后就算是完成了一次循环。循环锻炼法可以使足球运动员的各方面素质得到快速的综合提升,在设定其训练内容的时候,要尽量选用较熟悉的技术动作,同时对训练的次数、要求等进行严格规定,以使得被训练者的技术和身体素质得到全面的锻炼和提高。

循环训练法既是足球专项训练的方法,也可以用于一般训练。它可以有针对性地、系统地、有序地进行两臂、两腿、腹部、背部等部位的训练。循环训练法的每项训练内容都有其固定的要求和负荷参数,故而可以根据训练重点的安排、练习内容及循环顺序、每站练习的负荷量和强度、站与站每次循环之间的间歇时间、站的数量和循环的次数等,分为多种不同的练习形式。

高校足球训练在进行循环训练时有几个方面需要引起注意,因为这几个方面会对高校足球运动训练的效果产生一定程度的影响。具体来说,应注意的事项主要有以下三个方面。

(1)在制订循环训练的计划时,要以训练的既定目的作为依据,主要突出训练的重点,并且所制订的训练内容应该是运动员已经掌握的技能。内容顺序应根据练习对各器官系统和肌肉部位的不同要求而交替安排,并注意与发展不同身体素质练习的相互交替。训练的节点一般应该安排7~10个。

(2)在进行循环训练时要特别注意对运动负荷进行合理的安排,一般要以运动员的实际情况和足球运动的项目特点进行具体分析,从而制订合理的训练内容。练习负荷的安排要从每站练习的数量、强度、间歇时间、循环次数等全面考虑。每站的负荷一般为受训练者所能承担最大负荷的一半。循环一周的时间可以设定为5~20分钟,各站之间间歇一般不超过20秒。

(3)在训练中要通过不同的组合方式使训练尽量呈现出多样性,要合理安排运动的内容和强度。可根据运动员的不同情况,安排各种形式的循环练习,如流水式、轮换式、分配式等。

(二)重复训练法

重复训练法就是在足球训练过程中在不改变动作结构和运动量的情况下,在相对固定的条件下,对某一个动作或某一项技战术进行重复练习的方法。一般来说,重复训练法可以分为两种,即连续重复训练法和间歇式重复训练法。在实际高校足球训练中,重复训练法是一种被经常用到的训练方法,通过重复训练可以使足球运动员对某项技术动作形成条件反射,在实际运用中会更加熟练,也更容易在激烈的比赛中形成稳定的发挥,而且经过重复训练,运动员对于技术动作会形成较大的信心,这对于运动员的意志品质也会有良好的影响。

在进行重复训练时,关键是要掌握好训练负荷的有效价值范围,并以此为依据对重复次数进行合理的调整。随着重复次数多少的变化,对身体的作用也不相同。重复次数越多,身体对运动反应的负荷量就会越大。如果重复次数不断地增加,可能会使身体承受的负荷达到极点,最后可能会破坏有机体的正常状态,导致身体受伤害。

在进行高校足球训练过程中,如果运用重复训练法,有几个方面需要注意,这些方面对于足球运动训练的效果会产生直接影响。应注意的事项主要有以下三个方面。

(1)重复练习是一项一直重复某一动作的过程,由于练习的枯燥,在练习过程中很容易产生乏味厌烦的情绪,从而使得注意力分散,影响训练的效果,这是就应该利用一些游戏或者小比赛的手段提高运动员的练习兴趣。

(2)重复练习要严格按照技术规范进行练习,因为重复练习会使得动作掌握得更加牢固准确,所以要求练习要准确,如果运动员连续出现错误动作,就应该停止练习,以防止形成错误的动力定型;重复练习对于负荷强度要求不高,但是对于重复次数有较高的要求,必须保证练习可以使运动员某一项动作完全掌握以至于定型才可以。

(3)运用重复训练法进行身体素质训练时,要以运动员的实际情况,有针对性地确定练习数量、负荷强度、重复次数。应尽量采用简单而有实效的已基本掌握的练习作为训练手段。对于身体素质较差的运动员应该适当降低要求,在训练过程中逐步加强练习的次数,逐渐提高训练水平。

(三)变换训练法

变换训练法就是在高校足球训练中通过变换运动员的运动负荷、练习内容、练习形式以及条件来提高练习者积极性、趣味性、适应性及应变能力的训练方法。运用变换训练法能够有效的提高机体对比赛的适应能力,改进提高运动技术与战术,以及提高身体素质训练水平,有利于培养运动员的各种运动感觉,克服练习时所产生的单调枯燥感,提高对练习的兴趣和进行练习的积极性,对推迟疲劳的出现也有着积极的意义。高校足球训练所用的变换训练方法主要有改变负荷变换法、改变动作组合变换法、改变练习环境和条件的变换法等几种。

在进行高校足球训练时,运用变化训练法进行训练时,要注意以下几个方面的问题。

(1)在足球运动训练中,运用变换训练法时,要根据训练的具体目标,有目的地变换练习的运动负荷、技术动作的组合、练习的环境和条件等。

(2)根据训练计划的基本内容灵活采用合理的变换条件,要有利于技术、技能的巩固和身体素质的发展。

(3)在进行技术训练时,在采用变换训练法达到训练目的后,要注意及时恢复到正常情况下的练习。及时纠正错误动作,避免错误动作形成动作定型,增加或减少练习的重复次数与调整间歇的时间。

(4)要根据实际情况不断调整训练的负荷,在训练中逐步增加练习的数量,提高练习的强度。

(四)间歇训练法

间歇训练法就是指在足球运动训练中,运动员按照规定完成一定强度的训练之后,要按照严格的时间和休息方式进行休息,不等待机体机能完全恢复的情况下,就进行下一次练习的训练方法。

间歇训练法是在运动员的机体未能完全恢复时就进行下一次的练习,所以能有效地提高呼吸和心血管系统的机能。它与重复训练方法的关键区别在于,间歇训练每次练习的间歇时间有严格规定,要在运动员机体机能能力未完全恢复的情况下就开始下一次练习;而重复训练的间歇时间是在运动员机体机能能力基本恢复的情况下才进行下一次的练习。

在进行高校足球训练时,可以根据实际训练强度和运动员不同的身体素质合理安排间歇时间,一般可以把间歇训练法分为小强度间歇训练和大强度间歇训练。高校足球运动的训练过程中,如果使用间歇训练法,有几个问题需要注意。

(1)间歇训练方案的制订要以训练任务为主要依据。间歇训练法由每次练习的数量、负荷强度、重复次数、间歇时间及休息方式五个要素组成。这五个要素之间是相互影响、相互制约的,因此在变换或调整某一要素的参数时,要充分考虑到其他因素的影响。

(2)在间歇训练方案确定后,应经过一段时间的训练,使运动员有了适应和提高后,要根据运动员的实际锻炼效果适时地进行调整变换。

(3)间歇训练的间歇时间和训练的运动负荷,要依据运动员个人的具体情况进行确定。间歇的休息方式要合理,一般以轻微活动为好,原因主要是这种轻微活动可以加速血液循环,帮助排除代谢所产生的废物。通常情况下,间歇与训练之间的转换应该是:当心率在每分钟160~180次时,进行间歇;而当心率恢复到每分钟 120~130 次时,就要进行下一次训练。

(五)持续训练法

持续训练法一般针对的是训练中需要较长时间的坚持训练才能达到效果的练习,这种练习需要一定的运动负荷强度,较长的负荷时间,无间断地连续进行。进行持续训练时,运动员的平均心率要保持在每分钟 130~170 次之间。足球训练中的持续训练法一般会以锻炼时间的长短为主要划分的依据,一般将持续训练法分为短时训练法、中时训练法、长时训练法三种基本类型。

高校足球训练如果采用持续训练法,需要注意:在制订持续训练方案时要考虑到,由于持续训练的时间较长,练习量较大,因此强度不宜太大。要以恒定的运动强度,有利于发展一般耐力。若要提高专项耐力,则可以提高强度,持续适当的时间。

(六)竞赛训练法

竞赛训练法是一种比较有激励性质的训练方法,一种具有组织竞争性的、有胜负结果的、以最大强度完成的足球训练法。通过足球竞赛发现平常训练中不易发现的问题,从而有针对性的提高运动员的足球技战术水平,综合提高高校足球队的技术水平。在足球训练的实践中,根据竞赛的内容不同,一般可以将竞赛训练法分为教学竞赛、检查性竞赛、适应性竞赛等。竞赛训练法的运用,能够调动运动员训练的积极性,提高技术、战术、身体训练水平和实战能力,发展心理素质以及检查训练手段与方法。

足球运动员可以在竞赛中发现问题,交流经验,提高技战术水平,同时还能锻炼运动员的心理承受能力,培养运动员坚强的意志品质。通过足球比赛,运动员对于平时训练练习的技战术的综合运用能力会提高。

高校足球运动在使用竞赛训练法进行训练时,要注意几个方面的问题。

(1)竞赛中要根据运动员的实际情况确定运动负荷,分配比赛位置。在竞赛训练中,通常易激发情绪与兴趣,能量消耗多,而且较难控制和调节练习中的负荷。因此,在采用此法时,要根据专项训练的需要,选择适合运动员特点的竞赛内容和形式,并注意防止因竞赛负荷过大,而影响训练目标和内容的完成。

(2)采用竞赛训练时,教练员既要注意引导运动员发挥自己的特长,又要秉公执法,严格执行比赛规则,及时引导和教育学生不要有违规行为出现,提高他们自我控制能力,培养优良体育作风。

（3）在训练过程中，要准确把握时机，在运动技能尚未形成之前和疲劳时，不宜采用竞赛法，以免影响刚刚形成而尚未巩固的动作技术，同时也可以防止伤害事故的发生。

（七）游戏训练法

游戏训练法就是采用游戏的方式来进行足球训练的方法。这种方法可以最大程度的调动运动员的训练积极性，愉悦身心，在嬉笑娱乐中达到训练的目的。在训练的同时可以达到减轻压力、适当休息的目的。游戏训练法的运动负荷要根据训练者的实际情况的不同而随之改变。游戏训练法要注意游戏的多样性和趣味性，这是取得理想训练效果的重要保障。

（八）综合训练法

在一次训练中把循环训练法、重复训练法、变换训练法、间歇训练法、持续训练法当中的两种或两种以上结合起来使用，或者在一组训练中安排各种技术训练、体能训练等多种内容的训练方法，就是所谓的综合训练法。

在高校足球训练中运用综合训练法时，各训练法的组合运用要根据个人的实际情况和锻炼任务来决定。综合训练法变化很多，组合多样，具体可以根据不同性别、年龄、身体状况、锻炼水平的运动员的需求进行适当地变化、调整，以期取得较为理想的训练效果。

第二节 高校足球训练的负荷安排

运动负荷就是高校足球训练中运动员所承受的负荷量，它对运动员的生理、心理均可产生刺激作用，在生理学意义上说运动负荷能打破体内动态平衡、促使机体调动、调节内在潜力，加强能量转换以保持运动时的供能需要，从而形成肌体内新的平衡。从心理学意义上讲，运动负荷能培养人的意志力，促使运动员形成优秀的意志品质。科学合理的负荷量是提高运动成绩的关键因素，合理安排训练周期的负荷量和因人制宜的负荷量是教练员执教能力和水平的体现。

一、训练负荷大小的决定性因素

在高校足球训练过程中，对运动员训练负荷造成影响的因素有很多，其中有运动员自身的因素,也有客观的外在因素。具体来说,起决定性作用的因素主要包括以下三个方面。

（一）足球运动员的承受能力

一般来说,运动负荷越大,经过超量恢复后对运动员身体的锻炼效果就越好,但是也有一定的限度。这个限度就是运动员机体整体或者局部所能承受的最大负荷限度。一旦超过这一标准就会导致较为严重的运动损伤,重者甚至会导致运动性疾病,对于运动员的训练和技术水平的提高必然造成不良影响。从这个意义上来说,高校足球运动员自身的身体素质,自身对于运动负荷的承受能力是决定训练运动负荷量的重要因素,也决定了足球训练的效果。除此之外,足球运动员的年龄、性别、健康状况、训练水平,前次负荷后的恢复情况,心理状态等因素都对运动员的承受能力有着不同程度的影响。故而在制订足球运动的训练计划时要因人而异,根据每个运动员对于负荷的承受能力合理确定运动负荷。

（二）足球专项竞技的需要

足球具有不同于其他运动的特点,它的训练方式相应地也必然有自身的特点,足球运动对于运动负荷的要求也与其他运动形式有所差别。足球运动的负荷特点主要体现在两个方面:一是负荷的侧重点方面;二是负荷的大小方面。在高校足球训练的运动实践中,如想得到最好的训练效果,就要根据足球运动的专项特点,制订符合足球运动在比赛中的实际需要的合理的运动负荷量。由此可以看出,足球运动的专项特点与比赛的时机需要在很大程度上决定着训练负荷量的大小。

（三）足球训练的周期节律

在足球运动的各个构成因素,身机体的生物节律、运动员机体能力的提高、竞技状态的发展变化、运动员训练比赛的客观环境中,都存在着周期性的特点。还有各种体能、技能和心理能力本身的结构也充分体现出了周期性的特点。足球运动各个阶段的训练目标各不相同,在各个训练阶段对于运动负荷量的要求也有一定的差别。比如,在足球训练的准备期运动负荷的量可以比较大,训练强度要逐渐提高;在足球训练的比赛期,训练的负荷量较小,训练强度却是明显的提高;在足球训练的休整期,训练的负荷量和训练强度都应该适当减小。由此看出,足球训练的周期性特点,对训练负荷量的大小有非常重要的影响。

二、判断训练负荷适宜程度的方法

在高校足球训练过程中,合理判断训练负荷的适宜程度具有十分重要的意义。通过对训练负荷进行有效判断可以有效地控制负荷量的大小。通常来说,对训练负荷的适宜程度进行判断主要有以下两种方法。

(一)从生理学的角度来进行判断

足球训练过程中,运动员的生理特点会随着训练负荷量和训练强度的变化而呈现出不同的特点。这些特点包括运动员的心率、糖代谢、脂肪代谢等生理生化的各项指标。在足球运动的实际训练中,运动负荷的判断方法有比较高的要求,要求可以对运动负荷进行迅速、简便、准确的判定。心率有比其他生理特点更加明显可测的特点,因此也成为判断训练负荷适宜程度的指标被足球教练员广泛采用。此外,血液检测和尿液检测也是较为常用的方式,但是相对来说两者较为复杂,运用的广泛度较低。

(二)从心理学的角度来进行判断

足球训练过程中运动员的心理变化会受到多方面的影响,这些因素有所承受的训练负荷、动机、情绪、能力、意志和兴趣等,其中训练负荷是最为重要的因素。高校足球训练的运动实践证明,足球运动的任何心理反应都能从人的主观感觉、心理操作和实际活动中被充分地表现出来。比如,参加大型比赛之前,往往会有运动员因为压力过大或者太过激动、紧张而失眠。由此可以看出,通过心理反应的情况来判断训练负荷的适宜程度也是一个重要方式。

三、对训练负荷进行调控的主要形式

运动员在足球训练的整个过程中,训练负荷不可能一直处于直线升高的状态,这是由于受到人体的生理适应能力和恢复能力的影响和制约的原因。因此,一般运动负荷的规律是负荷—恢复—超量恢复,遵循这个原则同时以运动训练的实际情况为依据,就可以对训练负荷进行适当的调控。对足球运动训练负荷进行调控的具体形式主要有以下几种。

(一)恒量式

恒量式调控是足球训练中对于运动负荷进行调控的常用方法,所谓恒量式调控指的是进行足球运动训练时,在一定的训练阶段中,运动量保持在一个相对稳定的水平上,没有明显变化的形式。这种调控形式适用于足球训练的整个过程。

(二)渐进式

渐进式调控是在高校足球训练中常用的一种调控方法,它主要用于对较短训练过程的调控。渐进式调控指的就是足球训练的运动量按一定的规律斜线上升的方式。

(三)阶梯式

阶梯式调控的形式是上升—保持—上升,这种运动量的阶梯式上升调控方式一般用于在比赛前期的负荷安排。

(四)波浪式

波浪式调控的形式是上升—保持—下降—再上升,这是一种加大运动负荷的调控形式,在足球训练的各个时期都可以采用。

(五)跳跃式

跳跃式调控的原理是通过运动负荷的大起大落打破原有的动态平衡,使得运动员产生明显的超量恢复,从而提高运动员的身体素质和技术水平。跳跃式调控的难度较大,一般只适用于运动水平较高的足球运动员。

四、合理安排训练负荷的措施

在高校足球训练的实践过程中,运动负荷的合理安排是一个很重要的问题。在训练中,运动员的承受能力、专项竞技的需要和训练的周期节律等几个因素都会对运动负荷造成影响。因此,可以通过对这三个因素的考察,采取相应的措施来对训练负荷进行合理的安排。具体措施主要有以下三种。

(一)根据实际情况和具体需要对运动量进行合理安排

高校足球训练的整个过程可以分为很多阶段,每个阶段都有不同的任务、目标和内容。同时每个阶段对于运动量的需求也不一样。因此,安排运动量的时候,一定要根据实际情况,以训练任务和运动员的水平为重要参考。足球运动员对于运动负荷的适应能力,是可以逐步增大的,如果想得到更好的训练效果,就要逐渐增大运动负荷量,具体遵循的原则是:加大—适应—再加大—再适应。通过这个过程,可以有效地提升运动员的训练水平。此外,负荷—恢复—超量恢复的生理规律也在安排训练负荷时起到积极的指导作用,能够达到合理搭配运动量与休息的目的,从而取得最佳的训练效果。

(二)有针对性地对训练计划进行适当调整

高校足球训练的整个过程都要建立在遵循合理的训练计划之上,训练计划就是教练员为即将开展的训练过程预先提出的设计方案。而在训练中会受到一些干扰,使得训练计划不能顺利执行,或者达不到计划的效果。这就需要针对训练的实际情况进行了解和及时调整,这样才可能取得最佳的训练效果。

(三)根据负荷与恢复的关系合理安排时间

足球训练中,没有运动负荷就不会有恢复,更不会产生超量恢复,使运动水平得到提高。运动负荷和运动恢复是一个相互联系、相辅相成的统一体。在高校足球训练中,需要注意,当运动负荷积累到一定程度时就要进行适当恢复,以免出现过度疲劳,影响运动员的身体健康,产生不必要的运动损伤。同时,还要注意留下充分的间歇时间,以便超量恢复的实现。足球运动间歇时间的长短、运动员接受负荷的能力以及恢复的机能水平,都与负荷的大小成正相关的关系。除此之外,负荷的性质也在很大程度上决定着恢复时间的长短。

第三节 高校足球训练计划的制订

高校足球训练计划即为完成足球课的训练任务,提高运动员的身体素质和技术水平而制订的训练方案。训练计划对于足球训练工作起着积极的指导、调控作用。一般可以根据训练计划实施的时间长短把训练计划分为五种类型,即多年训练计划、年度训练计划、阶段训练计划、周训练计划、课时训练计划(图3-1)。

第三章 高校足球训练的基本理论

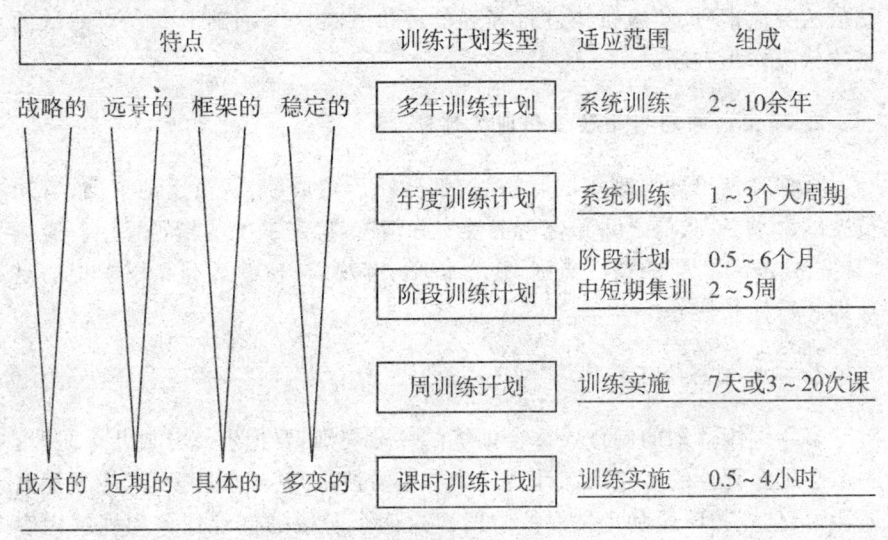

特点	训练计划类型	适应范围	组成
战略的 远景的 框架的 稳定的	多年训练计划	系统训练	2~10余年
	年度训练计划	系统训练	1~3个大周期
	阶段训练计划	阶段计划 中短期集训	0.5~6个月 2~5周
	周训练计划	训练实施	7天或3~20次课
战术的 近期的 具体的 多变的	课时训练计划	训练实施	0.5~4小时

图 3-1

一、多年训练计划的制订

（一）多年训练计划的概念和特点

高校足球训练的多年训练计划一般是为了完成运动员在高校学习期间足球队的预期目标而制订的长远规划。多年计划的制订对于球队的长期训练有重要的指导作用。多年计划一般注意的是球队的整体目标，是高校足球队组建和训练的总任务。一般制订年度计划和阶段性计划都要以多年训练计划为主要的依据。高校足球训练一般制订的多年训练计划最长可以达到四年，一般为两到三年。高校足球训练的多年训练计划具有全局性和战略意义。

（二）制订多年训练计划的基本步骤

高校足球训练在制订多年训练计划时，要通过具体的步骤来实行。这样可以使多年训练计划的制订更加具有全局性的宏观考量。一般可以分为如下步骤。

1. 分析球队现状

制订计划的第一步就是要对自身的情况进行全面、系统、客观的了解。要通过对于运动员的全面了解和观察，对全队队员的构成、技战术水平、运动员的身体素质、年级机构进行客观的评价。在这个基础上真正对球队的整体状况作出判断。

2. 提出训练的指导思想和训练目标

根据高校足球队现有的状态,包括球队历史成绩、队员运动素质、运动员技战术水平、队员之间配合情况等实际情况,确定训练的指导思想。遵循"从实战需要出发"的核心原则,建立科学、客观、合理的适合高校学生的足球训练目标和任务。

3. 确定训练阶段

多年训练计划的制订要符合训练的一般规则,要把训练分成几个阶段,一般会把全程性的多年训练计划分为四个阶段,即基础训练阶段、专项提高阶段、最佳竞技阶段和竞技保持阶段。这四个阶段的训练任务和训练内容都有一定的区别。

4. 合理安排运动负荷

在多年训练计划的实行中,不同的训练阶段对于足球训练运动负荷的要求也不尽相同。在基础训练阶段,要求循序渐进地安排训练负荷,注意训练负荷不要过大;在专项提高和最佳竞技阶段,应该以一年为单位逐渐增加训练负荷,并不断向负荷极限逼近,使负荷在高水平区间起伏;在竞技保持阶段,足球运动的训练负荷应该保持强度、恰当减量。

5. 拟定检查措施

计划的顺利实行需要切实有效的监督和激励政策,这些依赖于可行的检查措施。检查措施可以结合考评制度、奖罚措施与达标进度等方面来进行选择。

二、年度训练计划的制订

(一)年度训练计划的概念和特点

年度计划就是以一年为单位进行的计划,这是对多年训练计划的细化。年度训练计划的制订需要以多年训练计划中规定的任务、内容和要求,以及上一年度训练结果的实际情况为主要依据。与多年训练计划同样属于战略性框架式上位计划。

(二)制订年度训练计划的基本步骤

1. 分析球队现状

年度训练计划要兼顾多年训练计划的目标和在上一年的完成情况进行合理的制订。因此,要对高校足球运动员初始情况或者经过上一年训练所提高的身体素质、技战术水平进行了解、调研。还要对经过上个阶段的训练所暴露的问题进行全面的审视和了解。并且对目前球队在技战术、身体、思想作风等方面的实际状况进行较为细致的分析。

2. 提出年度训练的指导思想和训练目标

要依据多年训练计划制订的指导思想和训练计划,结合球队训练计划的完成情况和队员具备的身体、技术素质提出科学合理的足球队训练指导思想。同时要结合年度训练所力争达到的训练效果、球队的能力水平和比赛成绩确定当年的奋斗目标。

3. 明确训练内容和手段

根据对于球队训练效果的分析,结合年度训练的指导思想和训练任务,制订合理的训练手段。充分考虑到高校足球队员的身体素质发展、技战术能力以及作风培养等方面,并且将这些方面的主要内容详细列出。此外,在制订具体的训练手段时还需要考虑年度的训练特点,既要符合训练内容也要具有强大的实效性。

4. 合理划分训练阶段

年度训练计划也是较为长远的全局性上位计划,在计划的制订中,要充分考虑全年需要参加的重要比赛,确定合理的训练周期。在周期内一般可以将训练分为三个阶段,即准备阶段、竞赛阶段和过渡阶段各个阶段的具体实践情况要依据训练和比赛中的实际需要而定。各阶段所需要考量的项目内容包括:阶段所处月份、训练时数和课数、主要训练任务、各项训练内容百分比,以及负荷量和强度水平指标等。

5. 制订合理有效的检查措施

年度训练效果如何需要具体的检查来判断,可以通过考核、测评和统计等措施来制订效果检测。

三、阶段训练计划的制订

(一)阶段训练计划的概念和特点

阶段训练计划就是在全年训练中的某一个阶段制订的训练计划。阶段训练计划要以年度训练计划的指导思想和训练任务为依据,科学合理的安排足球训练的任务、内容、进度、负荷、要求等方面的具体内容。高校足球训练的阶段性训练计划主要包括:准备期、冬训、夏训、比赛期、重要赛事集训等。

阶段训练计划时间跨度比较小,但是训练计划所涉及的方面则更细。

(二)制订阶段训练计划的基本步骤

1. 明确提出本阶段训练的目标和任务

高校足球训练在制订阶段性计划时要以年度训练计划的训练任务为依据,同时参考不同训练阶段的特点。要使得阶段性训练计划可以显示出较强的针对性和可操作性。

2. 确定本阶段的训练时间

确定阶段性训练周数的主要依据是训练的周期性特点(全年单周期、双周期或短期集训)和周期的阶段性质(准备、竞赛、过渡)。需要注意的是,每一个训练阶段的时间最好不要少于两周。准备期的训练时间可以稍微延长;竞赛期的训练时间要以竞赛的实际需要为依据具体确定;过渡阶段的训练时间则通常为四周。

3. 合理分配训练内容和比重

高校足球训练的阶段性训练在不同阶段会有不同的训练内容,这些内容包括身体素质、技战术水平和比赛等几个方面。由于各个阶段的训练任务不同,这就在很大程度上决定了各个阶段所选择的训练内容和训练比重会有一定的差异,这就要求教练员在制订阶段性训练计划时要进行合理的选择和分配。

4. 合理安排训练负荷

高校足球运动训练的各个阶段都有不同的训练任务和训练内容,因此,各个阶段所采用的运动负荷特点也有不同,应该在制订训练计划时进行有计划的侧重安排。一般情况下,准备阶段中第一小段的负荷量和强度都逐渐增大,以量的增长为主;第二小段则应该减少负荷量,增大负荷强度;竞赛阶段训练负荷的量和强度基本上都是在本阶段内呈波浪形变动的。休整阶段的训练负荷的量和强度都是呈下降趋势的。

5. 制订合理的检查措施

高校足球运动阶段性训练中常用的检查措施有技术测验、身体测验、教学比赛或练习比赛中的技战术统计等。当具体运用这些检查措施时,要将具体项目以及应达到的指标详细列出来。此外,检查中还可以用生理生化指标来进行评定,但是由于对检查的要求较高,很少被采用。

四、周训练计划的制订

(一)周训练计划的概念和特点

周训练计划就是为了进行一周的训练而制订的训练计划。周训练计划应该依据阶段训练计划合理地确定训练任务、训练内容和训练负荷。周训练计划具有较强的实施性。

(二)制订周训练计划的基本步骤

1. 明确训练任务

不同的训练阶段,每周的训练任务不同,即使是同一训练阶段,每周也有不同的训练任务。而且,在周与周之间,训练任务是具有延续性和递进性的。因此,应该将具体的训练任务明确下来。

2. 确定训练次数和时间

每周的训练次数要依据运动员的实际水平来确定。高校大学生一般可以将每周的训练次数定为8～20次。周训练的时间要落实到课时数。

3. 确定训练内容

高校足球运动训练在周训练中,要根据具体的需要合理确定每周的训练内容。在制订训练内容时,要合理安排技战术、身体、心智等训练内容。

4. 确定运动负荷

合理安排周训练的运动负荷,使得周训练强度大、中、小有机结合,使负荷量与负荷强度呈波浪式变化。

5. 确定训练手段与方法

周训练的训练手段和训练方法的选择要以安排的训练内容及负荷要求为主要依据,通过相应的训练手段和方法完成训练任务。

五、课时训练计划的制订

(一)课时训练计划的概念和特点

课时训练计划就是一课时内所需要完成的训练计划。它是依据周训练计划制订的下级训练计划。课时训练计划时间较短,但是包含的内容很多,大致分为三大类:一类是训练课的任务、结构、时间、负荷以及训练方法、手段和组织;一类是恢复措施;还有一类则是场地、器材、设备等。课时训练计划是高校足球训练中最具体、最详细、最下位的训练实施计划。

(二)制订课时训练计划的基本步骤

1. 确定训练任务

课时训练计划的训练任务可以很直观的进行确定,训练课的任务包括很多方面的内容,比如身体素质、心理素质、技战术、比赛等,在高校足球训练的课时训练中可以灵活选择训练任务。可以进行单一训练,也可以进行综合训练,一般来说,一节课只需要确定1~2个主要任务即可。

2. 合理安排训练的内容和时间

高校足球训练的课时训练应该以课时结构作为训练的主要依据。课时训练结构一般由四个阶段构成,即开始、准备、基本和结束阶段;在实践运用中,通常将开始和准备合并起来运用,就成了三段式结构。

准备部分训练的主要内容包括常规热身活动和专项预备活动,通过这方面的准备,为足球运动员进入基本部分的训练做好身体和心理上的准备;基本部分是完成本课任务的主要环节,其主要的训练内容包括技术、战术、身体素质几个方面,这部分训练的时间应以15~30分钟为宜,占全课时间的 80%；结束部分主要是通过有效地整理活动达到消除疲劳的目的。

3. 确定科学的训练课组织形式

高校足球运动课时训练的组织形式应该以本次训练课的任务和队员的技术能力、位置、实战需要等情况为主要依据。此外还应该考虑到符合充分发挥教练员的指导才能与作用，能尽量利用场地器材和本次课的时间的要求。

4. 合理安排运动负荷

高校足球训练在安排课时训练计划的运动负荷时，要以周训练计划的负荷为主要依据进行合理安排。同时应该结合足球运动员体能恢复的实际情况。在安排课时训练的运动负荷时应该充分考虑几个因素的影响，这几个因素包括：全课的负荷量变化曲线、平均负荷、大负荷高峰出现的次数和时间及持续时间、课中的调整与恢复，以及结束部分的放松和恢复。对于训练任务不同的训练课，应根据其主要特点来对运动负荷进行较为准确的预计与选择。比如，在以对抗为主的综合性大负荷的足球训练课中，其运动负荷应该接近于正常比赛的负荷。

5. 准备好训练的场地和器材

课时训练的详细特点决定了在制订计划时必须考虑到进行训练时的场地和器材。这就要求首先要对足球训练课的内容、手段与方法进行较为充分的了解，并以此为依据，做好场地画线、需用球门数、标志物、号码衣等器材品种、数量的准备与布置等这些方面的准备。

6. 制订合理的检查方法

在足球训练的课时训练中，要对场地进行记录与统计，并对训练课的时间、技术动作次数以及运动距离等着重进行定量检查，除此之外，还要定性评价对抗活动的激烈程度与效果等，这样才能有效的检查足球训练计划的完成情况。

第四章　高校足球实用技术教学与训练

足球运动技术在高校足球教学与训练中占有极其重要的地位，它是学生获得足球运动基本技能的主要方式，通过足球技术实践，学生在掌握基本技术的同时，可以进一步领会实用技术的合理运用方法，纠正技术训练中的易犯错误，从而提高自身的技术水平。

第一节　足球运动技术的基本理论

一、足球运动技术的定义

足球技术是指运动员在足球比赛中所采用的合理动作的总称。它在比赛中有着特殊的地位，是完成战术配合、决定战术效果的基本前提和保证，是在足球比赛实践中逐步形成、发展和完善起来的。

随着足球运动的快速发展，足球运动技术在内容上更加丰富的同时，在动作难度上也有了很大提高。在现代足球比赛中，对运动员提出了更高的要求，他们要在快速运动和激烈对抗的条件下，准确地完成踢、顶、运、抢、截以及起动、转身、快跑和急跳等技术动作。因此，足球运动员就必须熟练地掌握足球技术，才能在比赛中有目的地采取行动和正确地处理球，才能达到战术上的要求。

足球技术是完成战术配合的基础，随着足球战术的不断发展，其对技术提出了更高的要求，这是足球技术不断发展和提高的重要促进因素。这就要求在足球运动的教学与训练中，不仅要注重对足球技术的全面掌握和提高，而且还对运动员的战术、战斗作风和身体素质的训练和培养有一定的要求，二者都不能忽视。只有这样，才能真正的推动我国高校足球运动技术水平的迅速提高。

二、足球运动技术的分类

足球运动是一项技术动作复杂的运动项目,运动员在学习中,不仅需要掌握支配球、争抢球的技术动作,而且还要根据比赛场上队员的位置分工和技术特点,将这些技术动作运用到足球比赛中去。根据球员在场上的位置,足球技术可分为锋卫队员技术和守门员技术两大部分。但是,不论是锋卫队员还是守门员,在比赛中不仅需要完成结合球的技术动作,而且还要完成许多无球的技术动作。因此,总体上来看,足球技术又可分为有球技术和无球技术两大类(图4-1)。

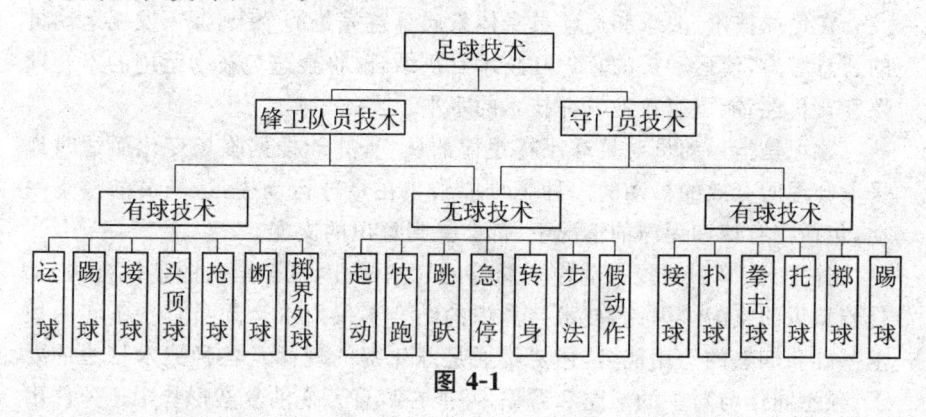

```
                    足球技术
           ┌───────────┴───────────┐
       锋卫队员技术              守门员技术
      ┌────┴────┐            ┌────┴────┐
   有球技术   无球技术              有球技术
```
锋卫队员有球技术：运球、踢球、接球、头顶球、抢球、断球、掷界外球
无球技术：起动、快跑、跳跃、急停、转身、步法、假动作
守门员有球技术：接球、扑球、拳击球、托球、掷球、踢球

图 4-1

三、足球运动技术的特征

(一)足球技术与目的性

各项足球技术的运用都离不开其目的性,对于初学者来说,运用足球技术的盲目性比较大。随着足球技术水平的不断提高,盲目性越来越小,目的性越来越强。因此,从某种意义上来说,足球运动技术水平与比赛技巧的提高过程,就是减少盲目性、提高目的性的过程。

我们知道,足球属于一项竞技性运动,足球比赛的目标是将球攻入对方球门而防护住己方球门不让对方攻破。而要实现这一目标,必须牢牢地掌握住控球权,各项技术的运用也将围绕着这一目标而展开。因此,控球并获胜是足球比赛的根本目的。要做到技术运用的目的性,运动员不仅要具备全面、坚实的技术基础,还要做到熟练的运用各项技术,并要在技术的实用性上多下工夫。

(二)足球技术与速度

现代足球运动正朝着高速度、强对抗的方向发展,赛场上给予运动员完成各项技、战术动作的时间越来越短,空间越来越小。因此,运动员要想适应现代足球激烈的对抗,速度就是其中最重要的因素。尤其是在快速奔跑中运用技术的能力、完成技术动作的速度和各技术动作之间的衔接等。在足球赛场上,运动员如果没有较好的速度素质,即使技术掌握得再好,在实际比赛中也派不上用场,难以取得优异成绩。

(三)足球技术与意识支配

在足球技术、战术和运动员身体素质日益完美的今天,深入发掘运动员的智慧潜力,使运动员的意识和技术有机结合,将会避免技术运用的不合理性和盲目性,能更有效地发挥技术的水平。

意识是指运动员对足球比赛规律的认识,并能根据临场变化而适时地采取合理而有效的行动的一种思维能力。在足球运动中,运动员的一举一动,包括在有球和无球的情况下,都会受到意识的支配。

首先,从单一的技术动作到局部的战术配合,直至全队的整体打法,都受着意识的支配。因此,技术与意识的结合不仅要求运动员具备坚实的技术基础和娴熟的运用能力,还要精通足球比赛的规律及各种战术打法的要求,熟悉同伴与对手的球路和习惯,并能在瞬息万变的复杂形势中迅速作出抉择,采取有效行动。

其次,足球意识的培养与技战术训练具有密切的关系。对足球运动的初学者而言,要始终把意识的培养与足球技战术训练结合起来,并将意识贯穿于一切技术行动之中,使它们同步存在与发展。

第三,意识属于人的思维范畴,它的发展受到文化素质、理论水平、思维逻辑、外界条件等多方面因素的影响。但需要注意的是,因为每个人的天赋不同,所以在足球运动训练中,除了要加强意识培养和训练外,还应尽可能挖掘和培养那些意识天赋较好的运动员。

(四)足球技术与位置分工

当前,足球技术正朝着全面、快速、娴熟、简练、强对抗的方向发展,自1974年第10届世界杯赛后,足球运动对运动员的全面性提出了更高的要求。每名队员都身负攻守双重任务,必须掌握攻守的技术才能适应战术的变化和比赛的需要。近年来,全面型的整体和全面型的个人都在不断发展和提高。但是场上仍有位置分工,不同位置均有不同特点。这就要求运动员在掌握全面技术的基础上,还应根据个人的特长和位置的需要发展专长技术,使自己既是足球场上的多面手,又是具有个人特点的某个位置上的专家。

(五)足球技术与意志品质

在足球运动中,意志品质是必不可少的重要素质之一,尤其是在一些重要的足球比赛中,意志品质起着举足轻重的作用。

足球运动员的意志品质基本上体现在以下三个方面:勇敢顽强的拼搏作风;自我控制情绪的能力;敢于冒险的无畏精神。

足球是一项勇敢者的运动项目,这是由其特点所决定的。随着现代足球比赛争夺的日趋激烈,对运动员的意志品质也提出了更全面、更突出、更明确的要求。运动员如果没有良好的意志品质,技战术能力再好也得不到正常发挥,因此,只有将两者结合才能使运动员在足球比赛中如虎添翼。

(六)足球技术与即兴发挥

足球比赛经常出现一些令人难以预测的变化与结果,这表明足球比赛的不可预知性,足球比赛中以弱胜强的事例时常发生。特别是随着足球技战术水平的全面提高与发展,比赛中运动员处理球的时间越来越少、空间越来越小。这就需要有某些超常的技术才能满足比赛的要求,而这些超常的技术运用能力多是已经掌握技战术能力的基础上的即兴发挥。

即兴发挥,是指根据赛场上瞬间即变的环境及突发的情况,随机采取应急手段,打破原有技术动作的结构,达到出奇制胜的目的。

随着现代足球运动的快速发展,运动员的即兴发挥将会运用得越来越广泛,水平也越来越高。首先,它要求运动员必须具有良好的身体素质,掌握全面而娴熟的技术、突出的意识、敢于冒险的精神、机敏冷静的头脑和迅速的应变能力,并且这些都要在一刹那的时间内快速的体现出来。

四、足球运动技术的发展趋势

根据以上对足球运动技术特征的研究,然后结合足球比赛的实践,可以从足球运动进攻技术和防守技术两方面分析其发展的基本趋势。

(一)足球运动进攻技术的发展趋势

1. 运球

现代足球运球技术正朝着简练、娴熟和实用的方向发展,因此,运动员在运球时要掌握的技术和具备的能力如下:快速带球奔跑以利用前方空间的技术;快速变向、掩护和抬头观察同伴位置的技术,尤其是在对方腹地时要敢于运球和突破;运球和突破在于创造射、传机会或利用人数优势;要掌握在对手贴身紧逼下迅速扩大视野角度的控球转身技术;运用身体护球、控球的能力。

2. 传球

传球技术的发展趋势要求运动员双脚都能娴熟地进行短、中、长距离的传球,把握效率,传球的落点选择依次是防守身后、向前传同伴脚下、转移传球,最后选择是回传或横传。

3. 射门

在运用射门技术时,应遵循以下基本原则:能直接射则不间接射,能空中射则不落地射,宁可射偏也不射高,并要掌握争顶技术,鱼跃顶射,远射和补射技术等。此外,还要根据角度、远度和守门员的位置,把握好射门的力量与准确性,以给对方球门施加压力。

(二)足球运动防守技术的发展趋势

现代足球运动防守技术越来越突出稳定性的发展趋势,球员在不能断球时可采用抢球,不能抢球时则可利用封堵,不能随便就失掉自己的防守重心和位置,要依据球的位置选择与对手的距离,既要注意追盯和换位呼应,还要注意位置职责与队形。下面主要从断球和抢球来进行分析。

1. 断球

断球技术的发展越来越注重观察对方的动作,隐蔽断球意图,待时机成熟时,以恰当的角度迅速、果断地上前断球。

2. 抢球

抢球技术的发展越来越注重抢球的角度,球员要对着持球队员,尽量采用站立式抢球,在持球者带球直线突进或在位于球门附近的边线和底线时,可考虑运用倒地铲球的技术。进行抢球时,侧向站立、盯住对方的控球并运用佯抢虚晃的方式对持球者施压,选准时机快速出击,要注意符合规则的要求,以免产生不良后果。

在不能用断球或抢球时,可以运用封堵技术,注意堵的角度要迫使持球队员向内、向外或横向活动,离持球者近则使其侧传,远则给对手前传角度,在封堵时既要有耐心又要适当的对其施压,迫使对手无法从容的抬头观察,看中抢夺时机,果断快速出击,在破坏球时,应力求击球远、高和两侧方向。但一定要始终站于对手与内侧球门中点连线上。

第二节　高校足球实用技术的教学

一、踢球技术教学

（一）踢球技术分析

踢球是运动员有目的地用脚的某一部位把球击向预定目标的动作。它是足球技术中最重要的技术,多用于传球和射门。踢球技术动作脚法有很多,动作要领和方法也不尽相同。但不论哪一种踢球技术,其完整的动作结构都包括以下五个技术环节。

1. 助跑

助跑指踢球前的几步跑动。助跑的主要目的和作用是调整人与球的方向、距离,以便在踢球时使支撑脚能够处于所需要的正确位置,从而增加击球的力量。在助跑时,最后一步要大一些,这样可以为踢球腿的充分摆动、增大摆腿速度、制动身体的前冲和提高击球的准确性创造条件。根据跑动的方向不同,助跑可分为直线助跑和斜线助跑两种。直线助跑是助跑的方向和出球的方向相同,斜线助跑是助跑的方向和击球的方向交叉。

2. 支撑动作

支撑动作的主要作用是维持身体在踢球过程中的平衡,保证摆踢发力动作的顺利完成,它贯穿于踢球的整个过程。支撑动作主要包含以下几个因素。

(1)支撑脚的位置。主要取决于所使用的踢球方法(脚法)。可分为两种情况:一是,凡采用的踢法需要踩在球的侧方的,一般支撑脚的站位会选择在距离球 10~15 厘米的地方;二是,凡采用的踢法需要踩在球侧后方的,一般支撑脚的站位会选择在距离球 25~30 厘米的地方。

(2)落位方法。支撑脚一般采用脚跟积极踏地迅速过渡到全脚掌的落位方法,该方法能够有效地减小身体前移的冲力。

(3)脚的指向。支撑脚落位时脚趾一般应指向目标方向,这是为了保证击球瞬间身体能转对目标方向,带动踢球腿向目标方向顺利地踢摆,为有效控制出球方向打下良好基础。

(4)关节支撑。支撑腿关节的用力及屈伸程度在很大程度上决定支撑效果。首先,着地支撑时,要以缓冲身体冲力、控制平衡为目的。其次,前摆击球阶段,人体是以稳固支撑保证踢摆发力为目的。支撑腿膝踝关节要有积极的蹬伸动作,以保证充分发挥踢球腿的击球力量。

3. 踢球腿的摆动

踢球腿的摆动是踢球力量的主要来源,它是决定击球力量大小的主要因素。踢球腿的摆动是在支撑脚跨步时(助跑最后一步)顺势向后、向前摆。当膝盖摆到接近球的垂直上方的刹那或球内侧的垂直上方的刹那时,小腿前摆加速。摆速的快慢、摆幅的大小、踢出去的摆动动作都直接关系到踢球的力量、击出球的速度和球的运行距离。

4. 脚击球

通常情况下,用脚的某一部位击球的后中部,作用力通过球心,出球就相对平直。踢各种来球时,应准确判断来球的速度和方向等,根据出球目标,合理选择踢球脚以及脚与球的部位。

5. 随前动作

踢球后随着腿的前摆使身体重心向前移动,这既有利于控制出球的方向和加大踢球的力量,又能缓和因为踢球腿急速前摆而产生的前冲惯性,以维持身体的平衡。此外,踢球后的随前动作还便于与下一个动作衔接。

(二)踢球动作方法

1. 脚背正面踢球

(1)脚背正面踢定位球

直线助跑,支撑脚积极着地支撑,在球的侧面10~12厘米处,脚尖正对出球方向,膝关节微屈,踢球腿随跑动向后摆动,小腿屈曲,支撑的同时踢球腿以髋关节为轴,大腿带动小腿由后向前摆动。当膝关节摆至接近球的正上方时,小腿做爆发式的摆动,脚趾屈,以脚背正面部位击球的后中部。击球后身体及踢球腿随球前移(图4-2)。

图 4-2

(2)脚背正面踢反弹球

根据来球的速度、落点和运行轨迹,支撑脚踏地在球落点的侧面。在球落地时,踢球腿爆发式前摆,在球刚弹离地面时,用脚背正面击球的后中部,并控制小腿的上摆(图4-3)。

图 4-3

(3)脚背正面踢倒勾球

根据来球的速度、运行轨迹,及时移动到位。选择支撑位置时应考虑将击球点放在身体的前上方,支撑腿膝关节微屈,上体后仰,踢球腿以髋关节为轴向上方摆动,当球落到身体前上方适当高度时,用脚背正面击球后部,将球向身后踢出(图 4-4)。

图 4-4

2. 脚背内侧踢球

(1)脚背内侧踢定位球

斜线助跑,助跑方向与出球方向约成 45°,最后一步稍大,以支撑脚底积极着地,脚尖指向出球方向,距球内侧后方 20~25 厘米,膝关节微屈。在支撑同时,踢球腿已完成后摆,并开始以髋关节为轴大腿带动小腿由后向前摆动,当大腿摆至与支撑腿接近同一平面时,小腿做爆发式摆动,此时脚尖外转、脚背绷直,以脚背内侧部位触击球。击球后踢球腿及身体继续随球向前(图 4-5)。

图 4-5

(2)脚背内侧踢反弹球

准确判断来球的落点及时移动到位,在球离地(反弹)的瞬间踢球,其他的动作要求与踢定位球相同。这种踢球方法多用于踢侧方或侧前方来的空中下落的球。

3. 脚背外侧踢球

(1)脚背外侧踢定位球

脚背外侧踢定位球的动作方法类似脚背正面踢定位球,只是摆踢时,脚面绷直,脚趾向内扣紧并斜下指,用脚背外侧击球的后中部,击球后,踢球腿顺势前摆着地。

(2)脚背外侧踢地滚球

踢地滚球的动作方法与踢定位球基本相同,不同之处在于对踢球腿同侧的来球多用直线助跑,对异侧来球则多用斜线助跑,支撑脚要适当提前选位着地。

(3)脚背外侧踢外弧线球

脚背外侧踢外弧线球时,支撑脚踏在球侧后方,踢球腿略呈弧形摆踢,作用力方向与出球方向约成 45°,击球点在球内侧后部,脚型同踢定位球。击球后,踢球脚向支撑脚侧斜摆,以加大球的外旋力量。

(三)踢球易犯错误与纠正

1. 脚背正面踢球易犯错误与纠正

(1)易犯错误:①踢球腿摆踢路线不直,身体后仰,膝关节没有顺势上提,出球方向不正,将球踢高。②击球刹那,脚型不稳,脚尖上挑,影响出球力量和方向。

(2)纠正:①强调用中等以下力量击球,控制击球点,运用敲击的方式固定脚型,使踢出的球低、平、直。②在练习中固定脚型,稳固脚的击球部位,增大支撑腿最后一步跨出的距离,使后摆腿充分伸展,膝关节放松。

2. 脚内侧踢球易犯错误与纠正

(1)易犯错误:①踢球腿膝踝关节外展角度不够,脚趾没勾翘,击球脚型不正确,影响击球效果。②支撑脚位置靠后,击球刹那,脚型不固定,出球不顺畅。

(2)纠正:①可进行分解练习或无球模仿练习,也可结合固定球进行体会动作的练习。②踢定位球时,确定支撑脚的支撑点,运用敲击的方式固定脚型。

3. 脚背内侧踢球易犯错误与纠正

(1)易犯错误:①支撑脚偏后,击球时上体后仰,出球偏高。②击球刹那,膝关节不向前顶送,而是顺势内拐,出球呈侧内旋。

(2)纠正:①在练习中,增大支撑腿最后一步跨出的距离,使后摆腿充分伸展,膝关节前顶,放松做随前动作。②踢内弧线球时,强调触球的正确部位,踢球脚翘起,向出球方向顺势前摆。

4. 脚背外侧踢球易犯错误与纠正

(1)易犯错误:①摆腿时髋关节内转或直腿击球,击球发力不足。②膝、踝关节旋内不够,影响击球的准确性和前摆速度,击球发力不足。

(2)纠正:①在练习中,身体伸展,重心前移,使后摆腿充分伸展,强调击球后膝关节和踝关节固定。②踢外弧线球时,强调触球的正确部位,踢球脚向前摆动时,脚尖向支撑脚一侧略微转动,膝关节前顶,向支撑腿一侧内旋,并放松做随前动作。

二、运球技术教学

(一)运球技术分析

在学习了一些基础接球和护球技巧后,下一步则可安排基本运球技术的教学。

通常情况下,完成一次运球动作都要经历以下三个阶段。

1. 支撑脚踏地蹬送阶段

推动人体重心前移,维持身体相对平衡,保证运球脚顺利完成触球动作,是蹬送动作的主要作用。需要注意的是,在这一阶段,应尽量缩短支撑时间,积极蹬送,以加速重心的移动。

2. 运球脚前摆触球阶段

在支撑脚蹬送的同时,运球脚前摆触球给球以推动力。触球动作包括触球部位、触球时间、触球力量和触球方向等因素。要想使对球的控制有一定的保证,就必须熟练地把握好这些因素,并协调其相互间的关系,否则就会出现运球失误。

3. 运球脚踏地支撑阶段

运球脚触球后应顺势落地支撑,并随即过渡到蹬送动作,这样不仅能够使重心移动的连续性得到有效保证,还能够使人体与球的移动保持一种协调关系,从而为运球动作过程的连贯、流畅奠定良好的基础。

在运球技术中,运球突破是足球比赛中一项重要的个人技术,其实质就是利用突然的变向和急停、急起的变速等技术,诱导防守队员做出错误动作或形成时间差,然后迅速越过防守队员。因此,在进行运球技术的教学中,脚背内、外侧的扣球技术,拨球技术以及急停、急起技术就成为重要的教学内容。

一般来说,运球突破成功的关键在于抬头观察场上的情况以及防守队员的位置,这主要取决于在本方持有控球权的情况下,在观察防守队员的同时能清楚感知脚下球的位置及球的走向。一旦防守队员尝试抢球,进攻队员就可以迅速改变方向,从防守队员身体重心偏向的相反一侧将其摆脱。总之,快速的变向与突然的速度变化是运球突破的关键,在教学中应予以足够重视。

(二)运球动作方法

1. 脚背内侧运球

运球跑动时,身体自然放松,步幅要小,上体前倾要稍向运球方向转动;运球脚提起时,膝关节稍弯曲,脚跟提起,踝关节外展,脚尖斜下指,用脚背内侧部位推拨球前进。

2. 脚背外侧运球

运球跑动时,身体自然放松,上体稍前倾,两臂自然摆动,步幅不要过大;运球脚提起时,膝关节弯曲,脚跟提起,踝关节内旋,脚尖向内斜下指,用脚背外侧部位推拨球前进。

3. 脚内侧运球

运球跑动时,支撑腿向前跨出一步,落在球的侧前方,膝关节微屈,重心落在支撑脚上,上体向带球方向前倾,用运球脚内侧推拨球后中部前进。

4. 正脚背运球

运球跑动时,上体前倾,步幅放大,运球脚提起时,膝关节弯曲,脚尖向下,以脚背正面推拨球前进。

(三)运球易犯错误与纠正

1. 脚背内侧运球易犯错误与纠正

(1)易犯错误:身体重心过高或侧倾不够,影响对运球方向的控制;触球时脚型不稳,影响控制效果。

(2)纠正:采用固定球练习,确定支撑脚的位置,进行反复练习,体会重心前移的动作要领;在练习中,可放慢运球速度,固定脚型,强调推拨的动作顺序,体会如何控制运球方向。

2. 脚背外侧运球易犯错误与纠正

(1)易犯错误:运球脚直腿前摆,难以控制推拨力量;膝、踝关节僵硬,影响控球效果;身体重心偏高或后坐,影响重心跟进。

(2)纠正:在练习中,确定支撑脚的位置和触球脚的部位,进行走步式练习,体会动作要领;在练习中,可变换运球方向,强调推拨的动作顺序。

3. 脚内侧运球易犯错误与纠正

(1)易犯错误:支撑脚选位不好,挡住球路或影响运球脚做动作;推拨球时,踝关节松动或脚尖外转不够,影响控制运球方向。

(2)纠正:在练习中,确定支撑脚的位置,进行走步式练习,体会动作要领;在练习中,固定脚型,强调触球时脚尖外转。

4. 正脚背运球易犯错误与纠正

(1)易犯错误:运球脚触球时松动不稳定,难以控制运球的力量和方向;膝、踝关节僵硬、变推拨为捅击动作,控制不住球;支撑脚离球过远,推球后重心滞后,人球分离。

(2)纠正:可采取放慢运球速度的练习,固定触球脚的稳定性。反复练习并体会,步幅可小些,固定脚踝,掌握好蹬、摆用力方向;放慢运球速度,要求按照蹬、摆、推拨的顺序,做完一次,向前慢跑两步,再做一次,反复练习并体会,在熟练的基础上扩大视野。

三、接球技术教学

(一)接球技术分析

接球是个人控球技术的一种表现形式,良好的个人控球技术是完成既定战术目的的前提条件。在足球比赛中,队员接到同伴的传球后,要尽快把球控制在脚下,然后使用身体或脚把球与防守队员隔离开,保护好球权。这种为了保持球权而采取的各种动作就是控制球的过程。为了控制球权,还要求运动员学会控球的基本姿势与要领,并能熟练掌握。

当球员能熟练地接球时，他们就要开始学会如何迅速摆脱防守队员。在入门阶段，如果球员能够掌握降低重心，膝关节微屈，利用身体倚靠住防守队员，用支撑脚控制身体重心，控球脚改变球的方向等各种基本技术，他就可以学习其他身体部位的接球技术了。

通过对接球动作结构的分析，可将一个完整的接球动作划分为以下四个技术环节。

1. 判断选位

运动员在接球前，首先要准确地判断来球的路线、落点、速度及性质等，并要注意观察临近同伴和对手的情况，在此基础上及时、合理地移动选位，占据有利的接球位置。选位是否合理，直接影响着后面击球的力度、方向以及总的接球效果。

2. 接球前的支撑

稳固的支撑是接好球的保证，接球效果的好坏，最重要的决定性因素就是支撑脚的位置和支撑的稳定性。支撑脚的位置是指支撑脚与接球点的方位和距离。合理的支撑距离，对于接球动作的顺利完成有非常积极的作用，而支撑脚的合理方位，则有助于运动员将球控制在所需的位置上，并能为尽快地转入下一步行动起到积极的作用。因此，球员在接球时，支撑腿的膝关节应适度弯曲，身体重心略降，以加强支撑的稳定性。另外，支撑脚的选位也很重要，具体要以接球的方法和目的为依据进行确定。

3. 触球动作

接球应削弱来球的冲力，其方法有缓冲和改变球运行路线两种。缓冲是削弱来球冲力的有效方法之一。一般来说，迎撤动作的幅度和速度决定着缓冲的效果，应与来球的速度相对应。对一些球速较慢，力量较小的来球，可利用接球部位关节和肌肉的放松获得缓冲效果。要改变球的运行路线来削弱球的冲力，必须合理利用身体的有效部位和地面这些非弹性体。

4. 接球后跟进

迅速衔接控球动作的技术关键是接球后身体重心随球快速移动。接球动作开始时，为了使接球动作的稳定性得到保证，再加上重心具有瞬时的稳定性，因此，应将重心位置落在支撑脚上。但随动作发展，应有意识地将重心向接球方向转移,接球动作完成后,重心应在球运行的方向上及时移动,从而使身体的运动方向与球的运行方向相一致,保证身体能尽快地移动到控制球或支配球的位置上。

(二)接球动作方法

1. 脚内侧接空中球

根据来球及时移动到位。抛物线较小的平空球应该根据临场的实际情况选择适当高度的接球点,将接球腿抬起,使脚内侧部位对准来球的方向并前迎,脚在接触球的一瞬间向后下方撤,并将球接在所需的位置上(图4-6)。

图 4-6

2. 脚背正面接抛物线来球

根据球的落点移动到位,脚背正面上迎下落的球,当球和脚面接触的一瞬间,接球脚和球下落的速度同步下撤,此时大腿膝关节、踝关节、脚趾都保持适度的紧张,脚尖微翘将球接到需要的地方(图4-7)。

图 4-7

3. 脚背外侧接反弹球

根据来球的落点及时移动到位,支撑脚站在来球落点的侧后方,除触球部位外,其他环节均和脚背外侧接地滚球相同。

4. 大腿接抛物线较大的高空球

面对来球方向,根据球的落点迅速移动到位,接球腿大腿抬起,当球和大腿接触的瞬间大腿下撤将球接到需要的位置上(图 4-8)。

图 4-8

5. 挺胸式接球

面对来球,两脚左右或前后开立,两膝微屈,重心置于支撑面内,上体后仰,下颌微收,两臂自然张开,维持身体平衡。接触球的瞬间,膝关节伸直,两脚蹬地,胸部轻托球的下部使球微微弹起于胸前上方(图 4-9)。

图 4-9

6. 头部接球

根据球的运行路线,面对来球,用前额正面接触球的中下部,下颌微抬,两臂自然张开,提踵伸膝,触球瞬间全脚掌着地,屈膝、塌腰、缩颈,全身保持上述姿势下撤将球接在附近。

(三)接球易犯错误与纠正

1. 脚内侧接球易犯错误与纠正

(1)易犯错误：①判断起动慢，不能选择最佳的迎球位置，影响下面动作完成的连贯性。②接球腿、膝和踝关节外展不够，影响触球角度，导致控球不稳。③迎撤接球时机控制不好，缓冲效果差。④压推或拨转球时，重心跟进慢，接、控动作脱节。⑤接球腿动作僵硬，直腿接球，难以接控。

(2)纠正：①可进行分解动作和无球模仿练习，提高动作的协调性。②在练习中强调反应快、起动快，抢站最佳接球的位置，从而进一步理解和体会主动接球的实际意义。③接地滚球时，确定支撑脚的支撑点，要求由慢到快地迎撤接球，从而达到最佳的缓冲效果。④用手接反弹球，体会接球的时机是在球离地面的瞬间。⑤接空中球时，在确定正确的技术动作时，强调接球腿髋关节要放松，注意培养整个身体的协调配合。

2. 脚背正面接球易犯错误与纠正

(1)易犯错误：①接球腿膝、踝关节紧张，动作僵硬，缓冲效果差。②引撤时机和速度掌握不好，控球不稳。③对球的判断不准，接球部位没对准来球。

(2)纠正：①进行无球模仿练习，或队员自抛自接或进行手抛球的接球练习，体会技术动作。②无球的身体协调性练习，使膝、踝关节在练习中充分放松。

3. 脚背外侧接球易犯错误与纠正

(1)易犯错误：①支撑脚选位不当，影响整个接球动作的完成。②掌握不好球的落点，身体的配合不协调延误推压动作的时机，接不住球或接球不稳。③由于膝、踝关节摆动僵硬、不灵活，假动作或转体动作与接球动作不连贯，易出现接球力量失控。④接反弹球时，身体重心没有跟上，小腿与地面的夹角不当，易出现接球时"卡壳"或控球不到位。

(2)纠正：①队员从不同的方向对固定的球，进行模仿练习。找到支撑脚的合理位置，从而能够调整好人与球之间位置关系。②利用个体针对性训练，使身体与下肢协调配合，从而达到膝、踝关节伸摆灵活。③练习接反弹球时，要队员自抛自接，使小腿与地面的夹角最为合理，从而达到接球后控球到位。④练习时应加上假动作和转身，以及接球后的控球技术。可以使整个接球技术更加完善。

4. 腿部接球易犯错误与纠正

（1）易犯错误：①接球腿引撤时机和速度掌握不好，缓冲的效果差。②大腿接球部位靠前或偏后，接球效果不理想。

（2）纠正：①可进行一抛一接的配合练习，掌握接球时引撤的时机。②大腿的颠球训练，在训练中找到接球的部位和良好的缓冲效果。

5. 胸部接球易犯错误与纠正

（1）易犯错误：①对来球落点的判断能力差，选位不当，影响整个接球动作的完成。②收挺时机掌握不好，缓冲的效果差。③挺胸接球时，上体仰角不合理，球的反弹角度和落点不理想。

（2）纠正：①进行一抛一接的配合练习。找到合理的接球位置，从而调整好人与球之间的位置关系。②可进行分解动作的模仿收挺训练，使身体与下肢协调配合。③练习接球时，要队员自抛自接，体会上体的仰角、收挺动作、收挺时机、球的反弹角度，以及接球后的连接。

6. 头部接球易犯错误与纠正

（1）易犯错误：①接球时动作僵硬，接球部位不对，缓冲的效果差。②接球前选位不当，靠前或偏后，接球效果不理想。

（2）纠正：①个人自抛自接的练习，掌握接球时机和接球的部位。②进行头部的颠球训练，在训练中找到接球的部位和良好的缓冲效果。

四、抢断球技术教学

（一）抢断球技术分析

抢断球包含抢球和断球两种技术。抢球是指防守队员将进攻队员控制的球直接争夺过来或破坏掉所做的动作方法。断球是指用规则所允许的动作，把对方队员间的传球截获或破坏掉的动作方法。但从其动作过程分析，无论抢球还是断球都是由以下三个环节构成的。

1. 判断选位

判断准确与否，是有效抢断的前提，是移动选位的依据。

（1）抢球时，要对对方的动作时机、动作意图、动作变化、控球距离等情况进行分析判断，并据此选择和调整自己的防守站位。

通常,抢球站位应在对手与本方球门线中点的连线上。对手背对球门时,采用贴身逼抢以防其转身。若对手已转向球门方向,则应本着"以堵为主,堵中放边"的原则选位,并伺机抢球。

(2)断球时,应准确判断对方的出球意图、出球时间、出球方向以及传、接队员的位置关系等,选择或调整自己的防守位置。

通常,断球站位应选在对手与本方球门线中点构成的连线上,并偏向有球一侧。与对手保持的距离应是向前有利断截、向后有利封堵的距离,在牢牢控制对手的基础上,争取和把握住断球机会。

2. 上步抢断

上步抢断包含抢断时机和抢断动作两个方面。

个人防守时应树立攻击性防守的主动意识,只要有可能,就要积极抢先断截对方的球,从而在气势上给防守造成压力。一旦对手已控稳球,则应注意在封堵过程中找机会抢断。抢球的时机多是在对手触球刹那,球暂时失控或远离控制时,抢先伸脚将球抢过来。断球的时机一般是当球飞行距离较长,对手注意力在球上,并消极等球,而自己的位置又能抢先一步触到球,则快速发动。

抢断球的动作很多,通常可分为以下两种:一是,针对来球性质和状态合理选用相应的动作。二是,根据抢球的位置选用相应方法。但无论采用哪种动作,都应具备突然、迅猛、准确的技术特征,使对方出乎意料或反应不及。抢断球时,支撑腿要积极后蹬,加速重心前移,抢球腿积极上步跨抢,争取抢先触球,抢断动作要"硬朗",以加强抢断球时的动作力度。

3. 衔接动作

抢断球除解围外,多是为了获得球或控制球。因而抢断球动作的结束,应是控球动作的开始。因此,在进行抢球或断球时就应考虑后继的动作。一旦抢断成功,重心能向球的方向快速移动,保证抢、断、控球动作的连贯性。

(二)抢断球动作方法

1. 正面抢球

(1)正面跨步堵抢

准备用跨步堵抢时,抢球者两脚前后开立,迎着运球者而站,两膝微屈,身体重心下降并置于两脚间,当运球者与抢球者间的距离缩小到一定范围

（即抢球者上前跨一大步可能触及球），运球者脚触球后即将落地或刚刚落地时，抢球者后脚用力蹬地并跨步向前，以脚内侧去堵截球，当已堵住球时，另一只脚应迅速上步。若抢球脚堵住球，两位对手也堵住球时，则抢球者应将另一只脚迅速前移做支撑脚，抢球脚在不脱离球的情况下迅速向上提拉，使球从对手脚面滚过，身体重心也迅速跟上并将球控制好（图4-10）。

图 4-10

（2）正面铲球

移动接近控球者，膝关节微屈，重心下降，当控球者触球脚触球后尚未落地时，抢球者双脚沿地面向球滑铲，随即用手扶地做向一侧的翻滚，并尽快起身。

2. 侧面抢球

（1）合理冲撞抢球

当防守者并肩与运球者跑动追球时，防守者重心稍下降，靠近对手一侧的手臂紧贴身体，利用对方同侧脚离地的过程，用肘关节以上部位适当冲撞对手同样部位，使对手身体失去平衡，趁机将球控制住（图4-11）。

图 4-11

(2) 异侧脚铲球

当双方都不能用正常的动作触球时(指跑动中),防守者应根据与球的距离,同侧脚用力蹬地使身体跃出,异侧脚向前沿地面对着球滑出,脚底将球铲出,然后小腿外侧、大腿外侧、手依此着地。或铲出球后身体向铲球腿一侧翻转,手撑地后立即起身,使身体恢复到与下一动作衔接的状态和位置(图 4-12)。

图 4-12

(三)抢断球易犯错误与纠正

1. 正面抢球易犯错误与纠正

(1)易犯错误:身体重心不能及时移到抢球脚上,抢球脚的踝关节不够紧张,抢球无力;触球后重心跟进不及时,影响衔接下一个动作,不能及时控球;抢球的时机掌握不好,不能抢先触球而失败;抢球动作缺乏力量,提拉速度慢,影响抢球效果;抢截时运用动作不合理而犯规。

(2)纠正:进行徒手模仿练习,或对固定球从不同的方向体会技术动作;从弱对抗到强对抗进行练习,体会抢球时机和腿部的发力。

2. 侧面抢球易犯错误与纠正

(1)易犯错误:蹬跨发力不足,滑降速度慢,铲不住球;动作不连贯,着地支撑缓冲动作不合理,容易造成损伤并影响迅速衔接下一动作;铲球后起身动作缓慢。

(2)纠正:进行无球模仿练习,注重身体倒地速度,以及身体与四肢的协调配合;倒地飞行距离应从近到远,训练对抗强度从弱到强,进行练习时,注重倒地后的自我保护和快速起身后的下一个动作。

五、头顶球技术教学

(一)头顶球技术分析

头顶球是一个自下而上全身协调发力的动作过程,它的动作结构主要包括以下四个环节。

1. 判断与选位

判断与选位是完成头顶球动作的前提,可直接影响顶击球的时间、力量和方向。合理的选位应以准确的判断为依据。因此,运动员首先要判断来球的路线、速度和性质,并据此进行相应的移动选位,选位中两眼要始终注视球的发展变化,及时调整自己的移动路线,使自己处于最佳的预顶位置。

2. 蹬地与摆动

蹬地是头顶球的起始发力阶段。其作用是:在跳起顶球时,利用下蹬反作用力,起跳腾空,使身体到达跳顶位置;通过有力的后蹬,加速身体的摆动。

摆动的效果主要取决于腰腹部肌肉的力量与动作协调性。摆动的幅度应根据顶球的目的确定。大摆幅的动作方法是通过身体的反向背弓或侧屈,使另一侧的肌肉充分伸展拉长,以加强腹背肌肉屈伸作用,为加快摆速创造条件。大摆幅的顶球力量大、出球有力、速度快,适用于远距离的传球、破坏球和大力射门。小摆幅是利用腹部肌肉的弓身拉长与收缩,靠颈部猛然加力顶击球,其动作准备期短,动作突然,出球线路灵活多变,但力量较小,适用于短传和近射。

3. 头触球

在头顶球中,头触球这一环节为主动击球,也称为击球动作。其动作包含击球时机、击球部位和击球刹那颈部发力等因素。

(1)击球时机

从理论上讲,最佳的时机应是在头部摆至垂直部位时发力顶击。因为这时身体重心相对平稳,便于动作的控制,能够充分发挥摆体的速度,否则将会影响顶球的力量。

(2)顶球部位

指顶球时头与球的对应部位,它直接影响顶球的准确性和力量。因此,应根据来球的路线、出球的方向来确定相应的击球部位,以保证球能按预定的目标运行。

(3)颈部发力动作

颈部发力动作是整个发力过程的最后阶段,它的发力应短促有力,这样才能较好地把握顶击时机,并保证击球的速度。常见的有向前顶送、向下点击、向侧摆甩和向后蹭顶等发力动作,击球时颈部的适度紧张具有一定的保护作用。

4. 触球后身体的控制

顶击球后,身体姿势的控制将会直接影响到下一步的行动。因此,在冲顶、跳顶、争顶或鱼跃顶球后,既要注意落地缓冲和保护动作,又应注意控制身体姿势,保持重心的稳定,保证动作的转换速度。

(二)头顶球动作方法

头顶球技术是指运动员有目的地用头的前额骨把球击向预定目标的动作,头顶球是足球比赛中不可缺少的重要技术之一。头顶球技术主要包括以下几种。

1. 前额正面头顶球

(1)原地头顶球

眼睛注视运动中的球,身体正对来球方向,两脚左右开立(或前后开立),膝关节微屈,重心置于两脚间的支撑面上(或后脚上),两臂自然伸张。当球运行到将垂直于地面的垂线时,迅速向前摆体,两腿用力蹬地,微收下颌,在触球瞬间颈部做爆发式的振摆,用前额正面击球中部,上体随球前摆(图4-13)。

图 4-13

(2)原地跳起头顶球

两膝屈,重心下降,然后两脚用力蹬地起跳,同时两臂屈肘上摆,在身体上升阶段展腹挺胸,眼睛注视来球,两臂自然张开,身体自然成背弓。当球运行至身体额状面时,迅速收腹,上体前摆,触球瞬间颈部做爆发性振摆,用前额正面将球顶出。同时,两腿向前做振摆,球顶出后两腿屈膝屈踝落地(图4-14)。

图 4-14

(3)跑动头顶球

正对来球跑出抢点,顶球的动作要领和原地顶球相同。球顶出后,由于跑动速度较快,为保持平衡身体应该随球向前移。

(4)鱼跃头顶球

判断好来球的路线与选择好顶球点后,以单脚或双脚用力向前蹬地,身体接近水平状态向前跃出,同时两臂微屈前伸,眼睛注视来球,手掌向下,利用身体向前跃出的冲力,用前额正面顶球。顶球后,两手先着地,手指向前,接着以胸部、腹部和大腿依次着地(图 4-15)。

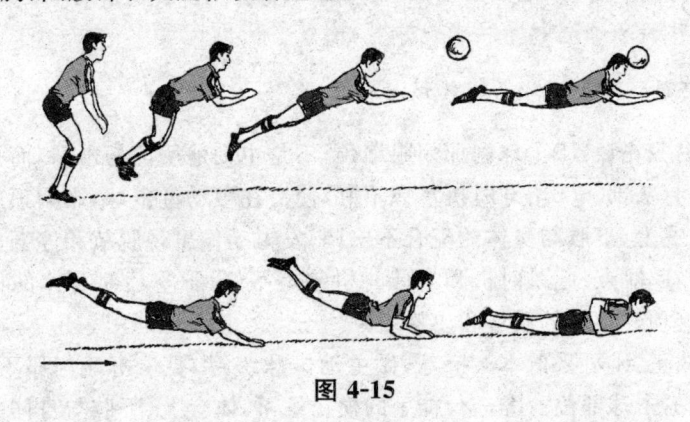

图 4-15

2. 前额侧面头顶球

(1)原地头顶球

两脚前后开立或左右开立,出球方向的异侧脚在前,重心逐渐过渡到前脚上,前膝微屈,眼睛注视来球,两臂侧前后自然张开,当球运行至体前上方时用力蹬地,前脚掌并适度旋转,上体随着向出球方向扭摆,同时用力向击球方向甩头,以前额侧面击球的后中部。

(2)跑动头顶球

跑动头顶球和原地额侧头顶球动作要领相同,不同的是此动作是在快速跑动中开始和完成的,而且要注意完成动作后的身体平衡。

(3)跳起头顶球

跳起顶球时,类似额正面的跳顶,只是在起跳上升阶段,上体应向出球的相反方向侧屈转体。跳至最高点时,上体向出球一侧加速转动,摆体侧甩,可利用脚的侧下方蹬地,加快侧摆速度,用额侧部将球顶出(图4-16)。

图 4-16

(三)头顶球易犯错误与纠正

1. 前额正面头顶球易犯错误与纠正

(1)易犯错误:①击球刹那闭眼缩颈,不是主动地用前额击球,而是被动地让球击打头部。②击球时机掌握不好,使头在被动位击球,影响顶球发力的效果。③上、下肢与身体的配合不协调,发力动作出现脱节和停顿。④跳起顶球时,起跳点、起跳时机和击球时机掌握不好;腾空后对身体的控制能力差,影响顶球动作的质量和出球效果。

(2)纠正:①可采取本人持球,做主动击球练习,要求击球刹那不闭眼,找准前额的击球部位。②进行徒手的模仿练习,体会上、下肢与身体的配合发力动作。③自抛自顶或两人一抛一顶的配合练习,掌握击球时机,体会顶球发力的效果。

2. 前额侧面头顶球易犯错误与纠正

(1)易犯错误:①支撑脚站位不当,不能充分利用腰腹力量发力击球。②身体侧屈转体和回转侧摆动作不协调,影响顶球发力的效果。③起跳后,上、下肢与身体的配合不协调,发力动作出现脱节和停顿。④起跳点和起跳时机掌握不好,影响顶球动作的质量和出球效果。

(2)纠正：①进行徒手的模仿练习，体会原地和跳起时上、下肢与身体的配合发力动作。②可采取两人配合的练习，一抛一顶，掌握击球时机，体会转体时腰腹发力的效果。

第三节　高校足球实用技术的训练

一、接球技术训练

(1)抛接球训练。2人一组对面站立，相距5米左右，一人用手抛球，另一人练习接各种空中球（如大腿、腹部、胸部、头部），可逐渐加大距离、加大力量（或增加旋转）以适应各种变化的来球。

(2)跑动中传接球训练。2人一组一球，在一定范围内跑动中练习，要求接球时尽量使用多种方法，传球时可传出各种性质的球。距离近时以地滚球为主，距离远时以空中球为主，以提高接球能力。

(3)对抗中的接停球训练。如图4-17所示，将练习者分为4人一组，传接球队员相距15米左右。防守队员△与接球队员①相距1米，接球队员②回撤几步后突然摆脱向前跑动插上，接从身后④传来过顶球。将球控制在自己控制的范围内及跑动方向上，并将球传给另一端的无球队员③，然后与防守队员交换练习角色，向反方向练习。练习一段时间后，中间队员与两端的传球队员交换练习。

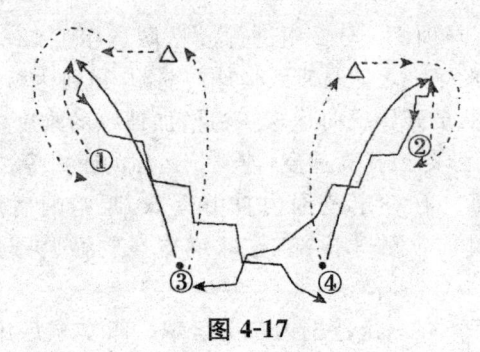

图 4-17

(4)3人一组接球转身训练。每人相距10米站成一条直线，甲传球给中间的乙（正对接球人传，或传到接球人附近），乙迎上来接球转身，传给另一端的丙，丙迎上接球然后再回传给乙，乙接球转身传给甲，如此循环往复。中间位置的人可轮流交换，也可采用这种方法训练接反弹球与空中球，并要适当地加大距离。这种形式也可用来交叉训练接地滚球、反弹球与空中球，若甲传给距离 20 米外的丙（越过乙的头顶），丙就可练习接反弹球与空中球，再传地滚球给乙，乙练习接地滚球转身后再传给甲，甲接地滚球后再传给乙。乙的位置可轮流交换，甲、乙位置和传出的球也可变换。

(5) 接控球训练。4 人一组，成正方形站位，距离 20 米左右。①②③④队员分别站在各边线的中点附近。②号控球开始练习时，①沿边线向前切入，②从其身后传斜线地滚球，队员①用同侧脚背外侧接球，向前运球，到边角附近。此时，另一队员④沿边线切入，①斜线传球给④。依次轮转训练，练习一段时间后改变跑动方向（图 4-18）。

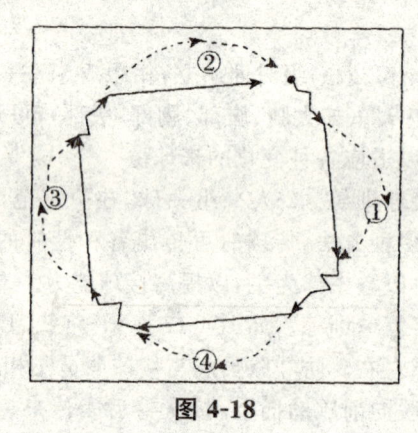

图 4-18

二、运球技术训练

(1) 跑动中运球训练。分 2 组进行，2 队队员相距 12～15 米相对站立，每人 1 球。一队的第一名队员直线运球向前跑，当到达场地对面的边线时，另一队的第一名队员开始反向运球。为增加训练的难度，可要求队员在练习中使用左右脚运球，或提高速度，或延长运球的距离等。

(2) 拉球训练。在一定范围内自由运球，听哨响后用一只脚做支撑脚，另一只脚用脚前掌触球顶部，拉球绕支撑脚做圆圈运动。一步一步拉球。

(3) 拨球训练。在一定范围内自由运球。听哨响后用一只脚做支撑，另一只脚用脚背内侧或外侧拨球绕支撑脚做圆周运球。两脚轮流进行训练。

(4) 快速转身运球训练。分 2 组进行，2 队队员相互之间保持一定距离并排站立，各队面前 10～15 米处放置一根旗杆。2 队中最前面的 2 名队员同时运球跑向旗杆,到达旗杆后迅速转身绕过旗杆,然后将球运回交给本队中的下一名队员,如此反复进行(图 4-19)。

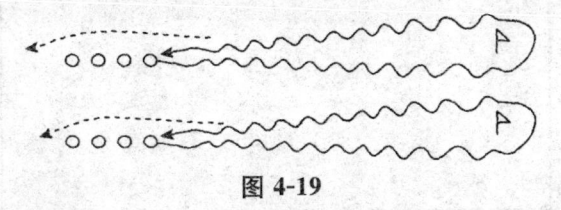

图 4-19

(5)扣拨组合训练。每人一球沿折线向前运球。运球中用右脚脚背内侧扣球,扣球后用右脚支撑,接着左脚脚背外侧立即向斜前方拨球;可继续运两步球(或不运球),然后右脚支撑,左脚脚背内侧向右斜前方扣球后成左脚支撑,接着用右脚脚背外侧向斜前方推拨球,依此进行。

(6)运球变向训练。用圆锥形标志物标出一个边长为 20 米的正方形场地,共分 4 组进行,4 队队员站在 4 个角处。2 支正对着的队列有一个球。持球队员带球跑向对方的队列,将球传给对方第一名队员后,然后跑到对角线上的队列中去,依次进行(图 4-20)。

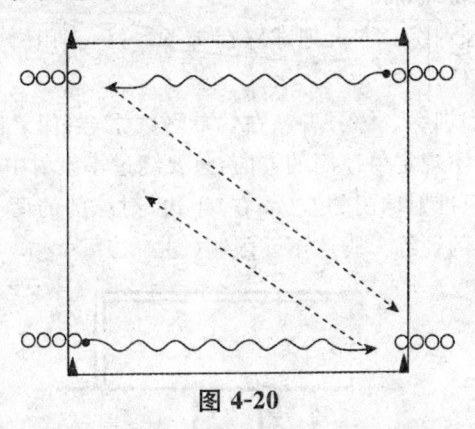

图 4-20

(7)运球过人训练。如图 4-21 所示,画一个 20 米×30 米的长方形场地,将练习者分为人数相等的 2 队,分别站在两条对应的边线外。每组游戏由每队各选派一名练习者参加。游戏开始,2 人分别站在相对应的边线上,一方持球。持球的队向对方的边线运球,并试图突破对方,以到达对方的边线。防守方利用抢断球技术阻止对方到达本方的边线。一旦断球成功双方角色迅速改变,防守方变成进攻方向对方的边线运球,直至有一方将球运到对方的边线,一组游戏结束,换下一组继续游戏,直至所有组完成游戏,获得胜利次数多的队取胜。

图 4-21

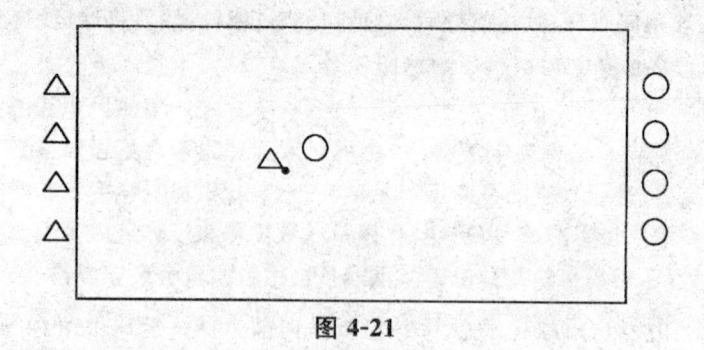

三、踢球技术训练

(1)无球模仿训练。在地面上设想有一目标,跨步上前做踢球动作,然后过渡到几步慢速助跑的踢球模仿动作练习,最后可做快速助跑踢球的模仿动作训练。训练中应注意要有设想球,尤其是设想触球一瞬间踢球脚踝关节的固定和脚背绷紧。

(2)踢固定球训练。一人把球踩在脚下,另一人用脚的不同部位踢球,体会脚的触球部位。

(3)射大球门训练。练习者站在罚球区线上,与门之间立两个小旗,踢定位球。先进行不规定射球门的方向,只要绕过小旗射中球门就行的训练。熟练后,再进行只准射球门的左(或右)半边,射球门的两个下角,最后再射球门的两个上角的训练。脚法不受限制(图4-22)。

图 4-22

(4)利用足球墙和标杆做踢旋转球的训练。可将标杆插在踢球者与墙之间,标杆与人及墙的距离视需要而定,开始可大些,掌握技术后再逐步缩小。各种旋转球的训练都可以利用足球墙进行,特别是对初学者而言,使用足球墙既可充分利用训练时间增加练习次数,又能使练习者较好地集中注意力掌握技术规格。对于要求提高技术的练习者,足球墙同样也是一个有力的帮手。

(5)对墙踢定位球训练。要求练习者面对墙,把球放在地上,然后跑上去轻轻用各种踢球技术动作对墙踢球(图 4-23)。开始时,离墙不要太远(约 5 米左右为宜);用力不宜太大,踢一次等球弹回来用手接住后,放定了再踢第二次。如此反复训练。熟练后可逐渐加大离墙的距离和增大踢球的力量。主要体会踢球的全过程,重点在脚触球部位的正确性。注意踢地滚球,击球的后中部。如果墙高,可由踢地滚球逐步过渡到踢半高球。熟练后可用各种脚法连续踢球。

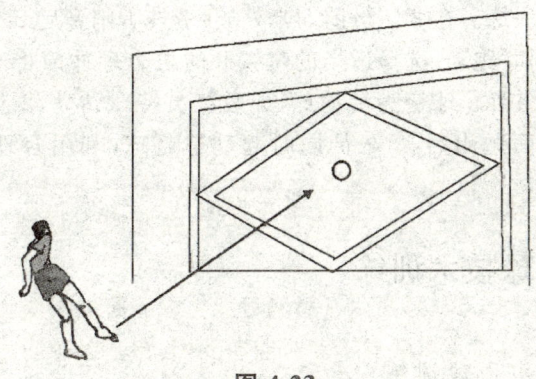

图 4-23

(6)踢地滚球训练。通过观察、判断来球的速度和方向,调整自身的控制能力,并根据出球目标选择支撑脚的位置。练习踢从正面、侧面或侧后方传来的球;可限定脚法,也可视来球任意选用脚法进行训练。

(7)各种脚法的 2 人训练。不论是传球还是射门训练,都可 2 人进行,若 2 人训练踢定位球,则辅以接球练习;若进行踢活动球训练,则可相隔一定的距离进行不停顿的连续传球练习。

四、抢断球技术训练

(1)原地抢球训练。将球放在队员甲脚前,队员乙与其相距 2 米,队员乙上步做正面脚内侧堵抢训练,当队员乙触球瞬间队员甲也用脚内侧触球。让抢球队员乙体会上步动作及触球部位,2 人可轮换做抢球训练。

(2)运动抢球训练。甲、乙相对站立,甲运球跑向乙(慢速),乙选择好时机实施正面脚内侧堵抢技术。当甲、乙 2 人在训练中同时触球时,抢球队员乙立即提拉球，将球拉过甲的脚面并控制住球。经过一段时间的训练后，可在触球瞬间2人同时提拉，体会掌握提拉的时机。

（3）侧后追赶抢球训练。一人直线运球前进，另一队员由后赶至成并肩时伺机实施合理冲撞并控制球。训练时要求运球者能给予抢球者配合，让抢球者得到训练，速度可以由慢到中速循序进行。

（4）慢跑合理冲撞训练。2人同方向慢跑，在跑的过程中2人可做适当的合理冲撞，体会冲撞的时机和冲撞的部位以及冲撞时如何用力等。

（5）铲球训练。一人一球将球放在前面某一位置，练习者选择适当位置站立，原地蹬出做铲球动作训练。初步掌握铲球动作后，可将球沿地面缓慢抛出，自己追球将球铲掉，以体会如何对滚动的球实施铲球动作。熟练掌握铲球动作后，再用这一方法进行铲控、铲传训练。

（6）争抢球训练。在2队员前5米处放一球，听哨音后2人同时向球跑去。要求2人同时跑动，选择适当的位置和时机合理冲撞将球控制。经过一段训练后，可将静止球变为活动球，即教练员持球站立，2队员站立在其两侧，当球沿地面抛出后，2队员同时起动追赶球，利用合理冲撞将球控制住。

五、头顶球技术训练

（一）个人头顶球训练

（1）做头顶球模仿动作练习。

（2）自己双手举球在头前，用前额正面或侧面去触击球，体会触球部位，培养顶球过程中注视来球的习惯。

（3）利用吊球进行练习。改变吊球架上足球的高度进行各种顶球的练习。

（4）利用足球墙进行练习。自抛球由墙弹回时，进行各种顶球练习。

（二）两人头顶球训练

（1）两人一组一球，面对面站立，间隔10米，一人抛球，一人原地和跳起头顶球。

（2）两人一球，相距20米左右，甲脚传头顶球飞向乙，乙顶回给甲。数次后轮换传、顶球。

（3）头顶球射门练习。顶球队员站在罚球弧附近，掷球队员站在球门内或球门侧面将球抛至罚球点附近，顶球队员跑上顶球射门。

(4)鱼跃头顶球练习(在垫上或沙坑里练习)。先进行鱼跃落地动作练习。较好掌握落地动作后,一人抛球,一人在垫上进行鱼跃头顶球练习。

(三)多人头顶球训练

(1)两人或两人以上在一起进行抛球—头顶球练习,这样可以培养对运行中球的速度、轨迹的判断能力,身体摆动协调正确及出球的准确性等。

(2)顶球射门练习。顶球队员站在罚球弧附近,掷球队员站在球门内或球门侧面将球抛至罚球点附近,顶球队员跑上顶球射门。

(3)两人一球,相距20米左右,甲传高球飞向乙,乙再顶回给甲。数次后轮换传、顶球。

(4)向后蹭顶球。三人一组排成一条直线,各相距10米左右,甲抛球给乙,乙蹭顶给丙,丙接球后再给乙,乙又蹭给甲,如此循环往复。

(5)争顶球练习。三人一组,一人传球,另两人与传球人相距20米以外。传球队员传出高球,两人争顶(一人防守,一人进攻)。这种对抗性的练习,更接近比赛实际情况。可将上述练习移至门前,一人在侧面传高球(或踢角球),另两人在罚球点附近,其中一人向外顶球,另一人向球门里顶球。

(6)鱼跃头顶球练习(在垫上或沙坑里练习)。先进行鱼跃落地动作练习。较好掌握落地动作后,一人抛球,一人在垫上进行鱼跃头顶球练习。最后从原地过渡到跑动中鱼跃顶球练习。

第五章 高校足球实用战术教学与训练

战术是足球运动中的重要内容,战术安排得科学与否对足球比赛的胜负起着决定性的作用。因此,在高校足球教学与训练中,战术的教学与训练很受重视。本章对高校足球实用战术教学与训练的内容进行研究,以求提高高校学生的足球战术水平,取得理想的比赛成绩。

第一节 足球运动战术的基本理论

一、足球战术的概念

足球战术是指在足球比赛时,运动员为了战胜对手根据实际情况所采取的个人或者集体配合的方法和策略。它与运动员的身心素质和技术能力紧密相关。足球战术的实质就是在比赛瞬息万变的局势下,根据自己掌握的知识、技能,适当有效地发挥自己身体的潜能,取得胜利。要想战胜对手必须要有较强的战术意识,它是运动员进行比赛时的自觉心理活动,是对比赛客观现实的有目的、自觉的反映,是运动员根据比赛场上的攻守态势,自觉选择与运用技战术行动的瞬时决断能力的体现。只有具备这些素质才能根据比赛中随时变化的情况,灵活机动地改变预定的战术方案,运用战术变化,最终达到预期的比赛目的。

二、足球战术的分类

足球比赛是由攻守矛盾组成的。攻和守不断地转换组成了比赛的全过程。因此,足球战术可分为进攻和防守两大系统。进攻和防守中又分别包含着个人战术和集体战术两类。比赛实践证明,成功地组织战术和巧妙地运用战术是夺取比赛胜利的重要因素。足球战术的分类包括阵型、进攻战术、防守战术和定位球战术。

（一）阵型

阵型分为："五三二"阵型、"四四二"阵型、"四三三"阵型、"四五一"阵型、"三五二"阵型等。

（二）进攻战术

进攻战术包括：个人进攻战术、局部进攻战术、集体进攻战术。
(1)个人进攻战术：传球、射门、运球、过人、接球、掷球、摆脱、跑位等。
(2)局部进攻战术：传切二过一配合、交叉掩护二过一配合、"三过二"配合等。
(3)集体进攻战术：快攻战术、阵地进攻战术等。

（三）防守战术

防守战术分为个人防守战术、局部防守战术、集体防守战术。
(1)个人防守战术：盯人、选位、抢球等。
(2)局部防守战术：保护、补位、临近位置配合等。
(3)集体防守战术：区域盯人、混合盯人等。

（四）定位球战术

定位球战术可分为任意球进攻战术、角球攻守战术、界外球攻守战术。

三、现代足球攻防战术分析

（一）足球攻防战术的本质

足球攻防战术的最终目的就是为了得分或者阻止对手得分。攻防双方通过相互限制和反限制的不断抗争，争取时间和空间的优势。足球比赛中的任何成功都是赢得攻防时间、空间优势的必然结果。

强调足球比赛战术的时间、空间观念的目的是为了获得控球和保持控球权。在防守时，通过各种身体假动作，诱使对手暴露身体两侧可利用的空间，并迅速利用这一空间，突破防守获得进攻或者射门的机会。在进攻时，也同样利用各种技战术的手段诱使防守人员出现重心偏移，暴露可利用空间，从而获得更好的进攻和射门的机会。

足球比赛攻防原则的主要依据是创造、利用和控制空间。进攻者先是创造和扩大进攻的立体空间，当出现进攻空当时，则快速深入对方腹地去占据和控制稍纵即逝的空间,并能灵活地继续把握进攻的时空。防守则首先是在局部对持球队员和其他进攻队员进行逼抢,以此来延缓对手进攻速度,在逼抢的同时其他队员要迅速回位布防,紧盯各自防守对象,尽力缩小进攻队员的进攻空间,限制进攻队员活动,使对手无机可乘。由此可见,足球比赛进攻与防守的本质都是追求时间和空间优势。

(二)足球比赛攻防战术的特点

现代足球运动发展迅速,通过与其他学科领域的逐渐融合,科学的攻防战术认识有了质的飞跃。运用时空观认识足球、分析比赛、倡导训练正成为国际足坛的新动向。通过对时间、空间观念来认识足球比赛攻防战术的基本特点,是对现代足球认识的更深层次的延伸,也对足球训练工作产生了深远的影响。

1. 强对抗:争夺时间、空间主动权

足球比赛的时空观是全队和队员个人采用一系列无球或有球行动,来赢得攻防时间和空间的优势,实现对球的控制。

要想赢得比赛,必须对球进行全方位的控制。因此,比赛中攻防双方为了最大限度地争夺时空优势,或获得某一特定的空间,争取宝贵的瞬间,队员相互运用身体冲撞、贴身紧逼、带球突破、争顶高球等多种形式的对抗越来越多,也越来越快速激烈。当今世界优秀足球队在一场比赛中,其对抗技术量占全场技术运用总量的52%。即在现代足球比赛中,为争夺攻防的时间和空间,全场有1/2以上的技战术是通过对抗形式实现的。这充分表现了现代足球进攻时创造空间越来越困难,可利用的时间更加短暂;防守对抗越强,对时间与空间的限制与弥补就会更加严密。比赛的对抗程度就会越激烈。

2. 赢时空优势:变换高速度比赛节奏

现在赢得攻防时间和空间优势最关键的就是高速度的比赛节奏。快速完成各种攻防技、战术动作是进攻威力和防守安全的基本保证。只片面追求攻防的高速度容易失去对自己身体活动的控制,影响全队配合的实效性,也不符合比赛的实际需要。现代足球比赛攻防的高速度是变换比赛攻防节奏瞬间发挥的高速度。

比赛节奏就是在一个特定的时间和空间内,通过队员的无球和有球活动,将宽度与纵深、快与慢、单向与多向诸因素按一定规律组合。足球比赛由单一节奏向复合节奏发展,即在进攻与防守中通过全队队员积极地无球和有球活动,创造多方位、多纵深的时空优势,迅速占据和控制有利空间。实施不定点多向插上、突然从一个局部向另一个局部转移进攻等战术打法,就是通过比赛节奏的变换来发挥速度的战术。现代足球比赛中赢得攻防时间和空间技巧上最典型的体现和最高的追求就是在意想不到的方向、地点实现快速控制。

3. 创造时空:采用快速的全攻全守

全攻全守打法倡导队员不受固定位置的约束参与进攻与防守,这种战略思想使得全队的整体力量和每个队员的特点,都可在为控制时空间的争夺中得以充分发挥。其主要特点如下。

(1)重视中场力量

现代足球比赛相当重视对中场的争夺和控制,各队在排兵布阵时均放重兵于中场,中场攻防队员人数明显增多,阵型上多采用"三五二""四五一"等。在战术打法上多采用主动性逼迫打法,力争赢得中场时间与空间的主动和优势。

(2)保持严密的集体攻防队形

在高速的攻防转换中,使前、中、后三线形成严密的整体,在局部区域内以多打少、以多防少,增加攻防时有效空间的占据,从而实现对攻时空间的有效控制。

(3)灵活调配攻守力量

比赛中要求队员完成攻防双重职能,能够胜任不同的位置职责,从而使场上队员的位置职能扩大与交叉。队员间频繁换位和不间断的活动使足球比赛从过去局限在人数分布上的攻守平衡,发展为高度机动灵活、实质上的动态攻守力量平衡,综合队员能力,最大限度地去控制时间和空间。特别是在进攻中,在众多后卫严密盯防下的前锋队员占据和控制时间和空间十分困难,但通过如果通过前锋或前卫队员的不停换位、扯动,拉出有效空间,前卫或后卫队员迅速插向该空间完成战术。这种高度机动、隐蔽的一线牵制、二线完成战术意图的战术打法,十分有利于创造和利用有效区域的时间和空间。

4. 占据时空:具备较强体能素质

足球的全攻全守战术打法使足球向着强对抗、高速度发展。每一个队员在比赛过程中均承受着极大的运动负荷。当今高水平的足球比赛,除了守门员,每一个队员全场活动距离达到 10 000 米左右,其中还不乏冲刺、快跑。除此之外,还要完成上百次突然的爆发性动作,其中 50% 以上是在快速对抗中完成。因此,现代足球比赛要求运动员有较强的体能素质,要保证全场比赛中始终保持攻防时间与空间争夺的优势。所以,在全面发展足球运动员各项身体素质的同时,应重点争夺拼抢时的力量、反复快速移动时的速度耐力、快速反击和突破时的速度、维持全场频繁跑动换位时的耐力,以及在复杂条件下准确和合理改变身体运动时的灵敏和柔韧素质等。

5. 保持时空优势:具备高水平的心理训练

足球运动员在比赛中将面对各种复杂多变的形势,这就要求他们应具有丰富的战术想像力和高度的注意力,从而做到审时度势、冷静思考,及时快速地做出判断和采取果断行动。同时,比赛过程中还会出现误判和反判的现象出现,以及不利于本队的观众倾向性,这就更需要队员要有稳定、积极、适宜的比赛心态,以保证临场技、战术水平的正常发挥。随着世界足球的职业化程度不断提高,实行主客场制。火爆的球市、足球彩票、高额奖金都使得比赛中对球、对时空间的争夺更趋激烈。所以比赛中不仅要承受各种身体负荷,还要有巨大的心理适应能力。因此,高水平的心理训练水平是运动员保持和发挥高竞技水平的重要保证。

四、现代足球集体战术意识

(一)集体进攻战术意识

1. 进攻的宽度意识

本方由守转攻或被迫进入阵地战推进进攻时,无球进攻同伴应主动、及时地向球场的两边区域拉开跑动接应,充分利用场地的宽度展开进攻。根据进攻的需要,及时、合理而有纵深层次地拉开进攻宽度,并不失时机地向边路空当进行转移性传球以创造进攻战机,是进攻宽度意识的良好体现。

2. 进攻的纵深意识

良好的进攻纵深意识主要表现为:进攻时积极地向前或向防守队员身后跑动接应、回拉切入、插上突破;及时果断地向前、向防守队员身后纵深空当跑位或传球。

第五章　高校足球实用战术教学与训练

3. 有效控制整体进攻节奏的意识

有效控制整体进攻节奏的意识主要表现为：本队进攻时，全队上下在进攻的各个环节都能围绕比赛的不同时段和实现某种战术目的的需要，采用各种比赛方式及技、战术行为，合理地变化与控制进攻速度的快慢，创造有利于本队的进攻局面。

4. 保持合理的局部与整体进攻队形的意识

足球运动中要求运动员必须具有保持合理的局部与整体进攻队形的意识，这种意识要求队员能根据本队进攻推进的速度和球发展的区域，及时合理地调整进攻重心，保持相邻位置队员之间和锋、卫三线之间紧密衔接的、能有效地承上启下的进攻队形，是良好的局部与整体进攻队形意识的重要内容。

（二）集体防守战术意识

1. 良好的协防意识

良好的协防意识主要是指本队转为防守时，全队每一名队员都能根据自己当时所处的不同场区、不同位置和球发展的情况，以不同的技、战术行动方式在同一时间内进行积极有效的防守，从而形成全队统一的、协调有序的立体防守体系。

2. 快速防守意识

由攻转守的快速防守意识是指全队攻完立即就守，阻止对方发动快攻。具体表现为：在由攻转守瞬间，防守队员封锁进攻持球队员与有球局部的进攻通道的快速性；抢占有利防守位置，紧逼限制对方尖刀队员的及时性；回防到位形成攻防人数对等平衡局面的快速性。

3. 控制整体防守节奏的意识

控制整体防守节奏的意识是指能最大限度地延缓对方进攻推进速度，并能根据比赛形势和对手进攻速度的变化，进行快慢相宜、松紧有度的防守。

4. 保持合理的局部与整体防守队形的意识

队员能根据对手进攻的发展势态和球所在场区的转换，及时合理地移动和调整防守重心，组成紧密衔接、层次纵横、有利于相互进行保护和补位的防守队形，这是保持局部与整体防守队形意识的良好表现。

五、足球战术的发展趋势

随着足球运动的发展，人们越来越清楚地认识到，成功地组织战术和巧妙地运用战术是夺取比赛胜利的重要因素。特别是职业足球的兴起与发展，使得足球战术发展本质上得到了飞跃，展现了现代足球运动整体的时代脉络和前进的步伐。现代足球全攻全守战术打法在比赛中的运用与发展，使得以前的锋卫职责机械分工逐渐退出了足球竞技的舞台。比赛中队员上下、左右大范围灵活机动的配合，经常会出现前锋退居门前防守，后卫插上助攻直至射门得分的情况。

现代足球运动中只靠技术、体力在赛场上奔跑的运动员已不能再满足比赛要求，足球战术的发展需要全攻全守全面化的运动员。当然，替代了队员位置机械分工并不意味着就没有位置职责的安排与分工，而是要求队员要具有全能的表现，在哪个位置上就能胜任哪个位置的职责。

第二节 高校足球实用战术的教学

一、足球比赛阵型教学

（一）比赛常用阵型

1."五三二"阵型

"五三二"阵型即指有五个后卫、三个前卫、两个前锋。其特点是以重兵加强防守，确保防线稳固，并在稳固防守的基础上打防守反击。由守转攻时，同样具有"四四二"阵型的功用。在球向前发展的异侧边后卫插上至中场，充当前卫职责。

应当注意的是，当边后卫上前时，临近中卫适当拉边，一方面兼顾由于边卫上前所留下的空位，另一方面保证各方位的平衡布局。也可以在由守转攻时，两侧边后卫都由边插至中场，形成"三五二"阵型，加强中场控制。

2."四四二"阵型

"四四二"阵型即指有四个后卫、四个前卫、两个前锋。其特点是针对足球"攻难守易"的特点,体现了中、后场的人数优势,防线较为稳固,中场攻、防兼顾,前锋虽只有两人,但是后场人员随时都可插上,不仅前锋有较大机动性,也大大增强了进攻的隐蔽性和突然性。中场四名前卫一般呈菱形站位,前面队员称为进攻前卫(前腰),拖后队员称为防守前卫(后腰),攻可上、退可守,承上启下。两名前锋可机动站位,根据情况可能站中间,也可偏向一侧,一边一中。"四四二"阵型是世界上较为流行的阵型。

3."四三三"阵型

(1)攻守平衡,中场力量相对较强。
(2)安排3名前锋既加强进攻力量,又牵制对方边后卫的助攻。
(3)转入防守时,前场、中场兵多将广,有利于展开逼迫式防守,减轻后防压力。
(4)用3名后卫盯防两名前锋具有人数和心理优势,盯人后卫可紧逼盯人,自由后卫可保护补位并控制门前危险区域。
(5)攻守转换自然、流畅,队员位置相对稳定,变化较小。

4."四五一"阵型

"四五一"阵型是相对侧重防守的阵型。

(1)4名后卫主要职责是防守,帮助控制中场和助攻,较少进入前场或对方罚球区参与进攻。
(2)中场力量强,人数多,有利于夺取中场优势和主动权,可减轻后防压力。
(3)进攻力量较薄弱。进攻的效果一看反击,二看前卫的能力和变化,尤其是进攻型前卫和两边前卫的作用。
(4)进攻时,中前场空区较大,有利于组织快速反击和点多面广的进攻,使进攻更具突然性和隐蔽性。

5."三五二"阵型

"三五二"阵型即指有三个后卫、五个前卫、两个前锋。其特点是注重中场控制,加强进攻力量。三名后卫是针对对方采用两名前锋,且本方后卫人员个人防守能力特别强而设定的。防守上,在短时间内用两名后卫紧盯对方两名前锋,由另一后卫拖后进行保护,并等待前卫回撤支援。一般来说,由攻转守时,至少有一名前卫队员视球的发展情况,回撤到边路或中路,协助防守。也可回撤两名前卫,形成"五三二"阵型。

(二)运用阵型时的注意事项

1. 切忌盲目搬用脱离实际的阵型

在选用阵型时,应紧密结合本队的实际能力和特点,切忌赶潮流,盲目仿效他人。

2. 提倡发挥队员的应变能力和创造力

全攻全守要求每名队员能攻善守,队员在完成好本位置任务的前提下,允许、鼓励其不受位置的束缚,充分发挥应变能力和创造力。

3. 保持完整的队形

在攻防中无论队员如何纵向或横向变换位置,各位置既不能重叠又不能缺人。同时要保持三条线即前锋、前卫、后卫之间纵向和横向间适当的距离,以利于发挥整体攻防和每名队员的力量。

4. 队员的合理组合

教练员要知人善任,将队员安置在最能发挥其特长和作用的位置上,并能将临近位置队员组成最佳组合,全队融为一体,充分发挥集体的力量。

5. 合理的攻守打法

球队的攻守打法都是建立在本队特点和双方实力对比基础上的。因此,同一种阵型,采用的打法不尽相同。有的以边路进攻为主,有的以中路进攻为主,有的采取稳守反击,有的采取渗透进攻,有的采用密集防守,有的采用逼迫式防守。

二、足球进攻战术教学

(一)个人进攻战术教学

个人进攻战术是指在比赛中为了战胜对手而采取的符合整体进攻目的的个人行动。运动员的个人进攻战术包括传球、射门、运球突破等。运用个人战术的水平直接影响着局部和整体的进攻战术质量。

1. 传球

(1)传球战术要求

传球是比赛中运用最多,也是最重要的技、战术手段。运动员在接球后,多半是传给同伴,而控球权也是通过传接球激烈争夺所获得的,很多比赛都是因为在传接球时的失误导致了最终失败,所以一个球队传球水平的高低反映了一个球队的实力。

明确传球目的要求运动员具备快速反应和判断场上情况的能力,一般传球目的有两个:一个是传向同伴脚下,另一个是有利于同伴的空当传球。空当传球的威胁性比较大,容易给对方造成可乘之机,但为了调整比赛节奏,更好地发动进攻,同队人员之间也进行一些必要的横传和回传,有机结合两个传球方法,能更好的增加比赛激烈程度。在比赛时还要掌握好传球的时机,跟同伴之间默契配合。并且掌握好恰当的传球力度、落点和旋转度,才能有利于接球人很好地控制球和处理球,达到传球的目的。

(2)传球的注意事项

①传球时,一般中距离传球可以加快推进速度,失误率较低,一般都采用中距离传球。

②要避开对方抢截球和断球的可能,抓到时机,迅速传球。

③在传球时也要根据具体的环境因素,顺风时,少传直接球和长传球,传球的力度也要小一些;逆风时,多采用短传球和低球,适当增加传球力度;下雨地滑时,多传脚下球;场地泥泞时,多传空中球,少传地滚球。

2. 射门

(1)射门战术的要求

射门是一切进攻战术配合的最终目的,也是进攻得分的惟一手段。射门时,队员首先应通过快速的观察作出及时正确的判断,然后根据来球的速度、落点和防守队员及守门员所处位置的情况采用有效的射门方法射门。具体来说,在运用时要有强烈的射门意识和欲望,这是捕捉一切射门机会和进球获胜的前奏。要敢于在激烈对抗中完成射门行动。然后选择最佳射门角度,它直接影响射门的效果。尽量射低平球,射球准确、突然、有力,射低球或地滚球不但球速快,而且随时可能由于某种原因在运行过程中使球改变方向,守门员往往会由于始料不及而造成动作失误。把握射门时机,一旦出现射门机会,应果断地、快速地起脚射门,任何犹豫均会造成动作迟缓而丧失射门良机。

(2)射门战术的注意事项

①在前场罚球区附近的持球队员首先要选择射门。

②在前场的持球者面对只有一位防守者防守时,而且暂时没有本方队员接应时,坚决进行突破射门。

③射门战术的要求是"快""准",所以接近球要快,动作衔接要快,判断落点要准,射向目标要准。

3. 运球突破

(1)运球突破的要求

①随着防守技、战术的提高,运球突破技术运用难度增大,而其战术作用却相应加大。特别在对方罚球区附近,要鼓励队员使用快速而娴熟的运球突破技术,摆脱对手逼抢,创造出有利的空当和射门机会。

②要掌握恰当的运球突破时机。比赛时要依据防守者的具体站位情况,采取主动或后发制人的战术思想,借以诱导防守者身体重心偏移,并且迅速抓住这一时机,突然快速突破对手。

③与被突破者保持适当的距离。一般以抢球者能触到球,但稍远于运球者的距离为宜。

(2)运球突破的注意事项

①既要鼓励队员在前场敢于逼近对手运球突破,又要使队员掌握几种过硬的运球突破方法和技巧。

②运球逼近、调动、超越、摆脱对手的技术环节应衔接紧凑,一气呵成。

③应根据对手的不同特点采用不同的运球突破方法。如对手速度较慢可采取变速突破,对手喜欢封堵路线,可利用变换运球方向与动作突破等。

④运球突破时要控制好球,一旦突破,要不失时机地传球、射门。

⑤掌握好运球突破的时机、距离和方向。在对手抢截范围半径外,当对手犹豫不决或身体重心移动时,从其身体重心移动的反方向果断运球突破。

⑥在本方后场切不可滥用运球突破。

(二)局部进攻战术教学

局部进攻战术是进攻中两个或两个以上队员之间的配合方法,它是集体配合的基础。

1. 传切二过一配合

在局部进攻中,传切配合是运用最多的方法,它指控球队员将球传给切入的进攻队员的配合方法。传切配合的形式有局部传切和长传转移切入。

(1)局部传切配合

按传切的线路可分为斜传直切(图 5-1)、直传斜切(图 5-2)。

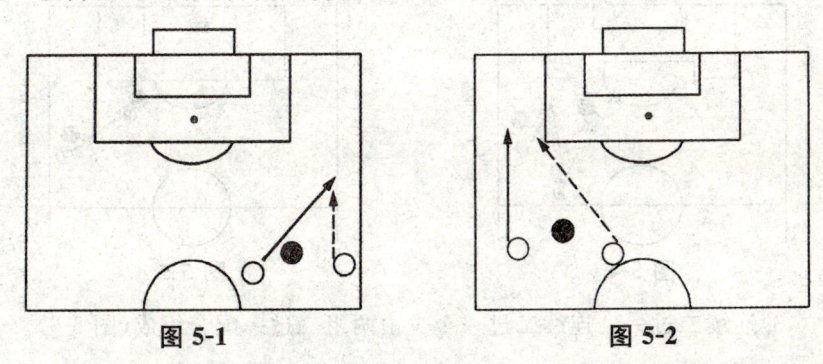

图 5-1

图 5-2

以上两种战术配合是只通过一次传球和切入就越过一名防守队员。配合十分简捷和实用。在进行配合时,两名进攻队员要保持适当的距离。控球队员可采用运球或其他动作,诱导防守者上前阻截。

(2)长传转移切入

一侧进攻受阻,长传转移到另一侧,切入队员得球后展开进攻。

2. 交叉掩护二过一配合

交叉掩护配合是指在局部地区 2 名进攻队员在运球交叉换位时,以自己的身体掩护同伴越过防守队员的配合方法(图 5-3)。

图 5-3

3. "三过二"配合

"三过二"是在比赛局部进攻时,3 个进攻队员通过连续配合突破 2 个防守者的防守。

(1)如图 5-4 所示,⑨向后跑动接球,再将球传给⑥,⑦假动作并伺机从内线切入接⑥的传球突破防守。

(2)如图 5-5 所示,⑦持球,⑥假接应,⑨斜插把防守队员支开,⑥插上至⑨制造出的空当接⑦的传球,突破防守。

图 5-4

图 5-5

(3)连续二过一。连续二过一至少由两组二过一配合组成(图 5-6)。

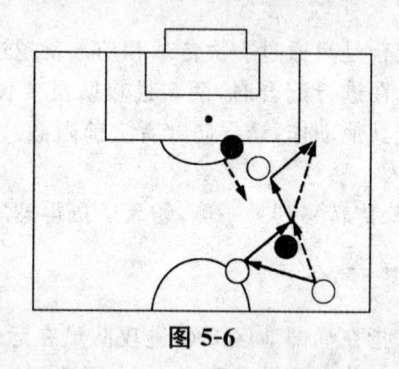

图 5-6

4. 局部配合注意事项

(1)在传切配合时要注意,切入队员不要越位。

(2)交叉配合时,运球队员要用身体护住球,并挡住防守队员,将球传给同伴后,要继续向前跑动。

(3)交叉配合时,接球队员必须主动迎面跑向运球同伴,交叉距离贴近,接球后快速向前运球。

(4)三过二配合时,三名进攻队员应呈三角形,一人持球,另两人应一接一插或一拉一插,不要二人同时接或插,在接、插的时间上应稍有先后。

(5)持球者视野要广,要选择有威胁的进攻配合。

(6)配合要简练、默契、协作和紧凑。

(三)集体进攻战术教学

1. 快攻战术

快攻战术是由守转攻时,乘对方来不及调整防守策略,通过简便快速的传递配合创造射门机会的战术。它是最有效的一种进攻战术。快攻的形式有以下三种。

(1)守门员获球后,若对方三条线压的比较靠前,守门员就迅速用脚踢给本方埋伏在对方后卫线附近的突击队员,或者用手抛给中场占据有利位置的同伴,创造快速突破的机会。

(2)在中前场截得对方脚下球迅速发动进攻。

(3)获得任意球,快速罚球也能形成快攻机会。

2. 阵地进攻战术

阵地进攻是指守方的队员都退回到自己的半场且占据防守位置时对其的进攻。此战术主要是针对守方没有大的空当,攻防人数平衡而学习的战术。在运用阵地进攻战术时,要求进攻者用不断的跑动、穿插、策应来打乱守方的防御体系,在局部地区打破攻守双方人数上的平衡,造成以多打少的局面。阵地进攻的关键是要利用场地长度和宽度进行机动跑位,不断调动防守者的位置。它包括边路传中、中路渗透、中边转移等进攻战术。

(1)边路传中

边路传中是指在对方半场两侧地区发展的进攻,以传中创造射门为目的。边路进攻直接得分的可能性小,大多数的攻门由边路突破传中后,中路和异侧同伴包抄完成。有以下几个边路传中的时机。

①对方后卫线与守门员之间有较大空当时,本方队员切入时。

②本方队员已经插上或者包抄到位时。

③对方守门员贸然出击,没有恰当选位时。

④防守方与进攻方同时面向球门奔跑时。

⑤突破边后卫的防守,补防的中后卫还没有封堵住传中路线时。

(2)中路渗透

中路渗透一般有三种形式:后场发动进攻、中场发动进攻、前场发动进攻。下面是各种中路渗透进攻的整体战术打法。

①后场发动进攻

后场发动进攻的主要方法有:守门员发动进攻(图 5-7)、后卫发动进攻(图 5-8)。

图 5-7　　　　　　　　图 5-8

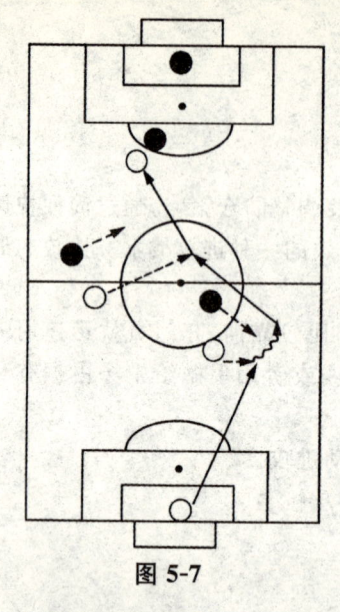

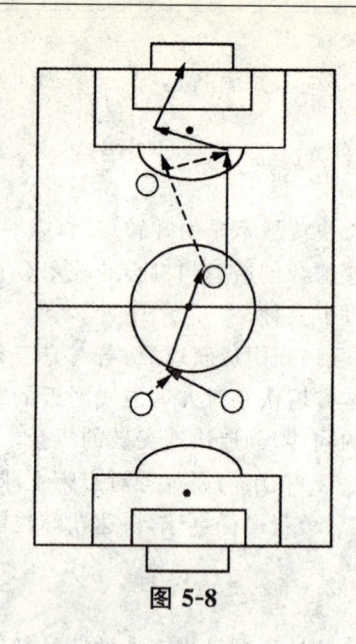

②中场发动进攻

中路渗透战术的配合主要由中场发动,组织核心的角色是前卫队员。常常采用短传配合的方法来进行,并以各种二过一来摆脱对方的防守。具体打法如图 5-9、图 5-10 和图 5-11 所示。

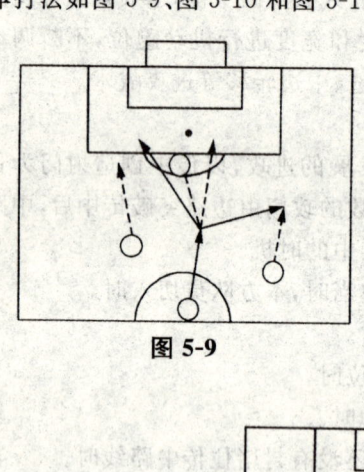

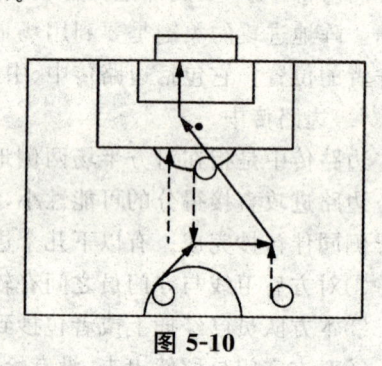

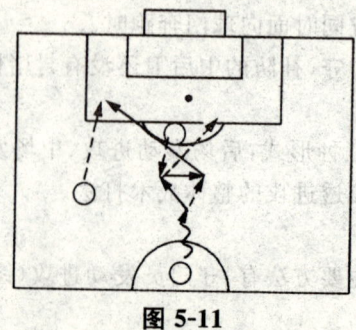

图 5-9　　　　　　　　图 5-10

图 5-11

③前场发动进攻

前场发动进攻时,是依据前锋后撤在其身后所留出的空当进行反切插入,最有效的突破对方中路密集防守的方法就是在罚球区附近做踢墙式二过一配合。

(3)中边转移

一般来说,比赛中中路渗透战术要是达不到目的,应及时往边路转移,以分散中路守方的注意力,然后由边路突破再将进攻方向转到中路。总之,这种转移进攻可以打乱对方的防守战线,利用空当,创造破门得分的机会。

3. 集体进攻战术的注意事项

(1)整体进攻时,切忌队员有个人冲动行为,要有较强的集体观。
(2)要把握好进攻时机,队员之间要配合默契,才能有制胜的把握。

三、足球防守战术教学

防守战术是在比赛中为阻止对方进攻和重新获得球权所采取的个人和集体配合方法。

(一)个人防守战术教学

个人防守战术是为控制对手所采用的个人战术行动。个人战术行动可以体现出整个战术的特征。个人战术行动是整体战术的基础,主要包括选位与盯人、抢球、断球等。

1. 选位与盯人

选位是指防守队员在进行防守选择时占据合理的防守位置。大多数情况下是站在对手与本方球门中心所构成的一条直线上。盯人是在正确选位的基础上,对防守的对手实施监控或严密控制其进攻行动。选位与盯人的要求有以下几个方面。

(1)选位要及时,要先于进攻队员。
(2)基本原则是进攻队员、防守队员和本方球门中点三点成一线,并可以保持适当距离。
(3)选位以盯人为主,同时要兼顾球与空间情况的变化。
(4)选位要组成纵横交错的三角或菱形网络队形。
(5)以多防少或以少防多时,要根据具体情况和任务目的灵活选位。
(6)要在正确选位的基础上,根据不同的场区和任务,对进攻队员实施紧逼盯人或松动盯人。

2. 抢球

抢球是将对方控制的球抢断下来或者破坏掉。运用此战术之前必须保证集体防守的稳固。抢球是重要的个人技术，还是个人防守能力的重要标志。抢球的要点有以下几个方面。

(1)正确的站位。抢球首先要选择在持球对手与球门中点之间站位，这是对方运球突破的必由之路，当对方运球向两侧扯动时，即为抢球创造条件。

(2)合理的距离。通过移动与持球对手保持最适宜的距离。

(3)准确的时机。在对手接控球没有稳或控、运球两个触球动作之间的时机，将球抢下来或破坏掉。

3. 断球

断球是将对方的传球从途中截下来或破坏掉的战术行为。断球是转守为攻最主动和最有效的战术行动，可以在对方来不及反抢的状态下进行快速进行反击。断球的要点有以下几个方面。

(1)正确的判断。要确判断持球队员与接应队员的意图，预测传球的时间和路线。

(2)合理的位置。在正确选位的基础上，偏向有球一侧移动。同时要抓住恰当的时机，对方传出球的瞬间，先于接球队员快速插向传球路线，将球截断下来。

4. 个人防守战术的注意事项

(1)抢球首先要站稳，不要受对方假动作的迷惑，盲目出脚会被对方突破。另外动作要勇猛，抢球后迅速发动进攻。

(2)若抢球不成功，要快速转身及时换位进行回防。

(3)隐蔽断球意图，不要紧逼盯防接球队员，这样既可以防止对方传切自己身后空当，又可以诱使对方向自己身前的对手传球，陷入自己断球的圈套。

(4)顾全防守全局，抢球、断球前要分析攻防全局的态势，抢球前，要考虑整体的防守是否稳固；以少防多时，断球一定应慎重，一旦出现失误，将造成全局的被动。

（二）局部防守战术教学

局部防守战术指两个或两个以上防守队员之间的相互配合方法，是集体防守战术的基础，其基本配合形式有保护、补位与围抢。

1. 保护

保护是指同伴紧逼对手时，自己选择有利的位置来保护同伴，防止对手突破。给逼抢持球队员的同伴心理和行动上的支持，使其没有后顾之忧，全力以赴紧逼对手。一旦被持球队员突破，保护队员能及时补防，堵住进攻路线或夺回控球权。如果逼抢队员夺得控球权，保护队员可以及时接应发动进攻。保护时，选位要求队员间距离适当地斜线站位，它可以避免出现对方突破一点而使已方防守战线崩溃的局面。

2. 补位

补位是指防守队员之间相互协作的防守配合行动。也是防守队员弥补同伴在防守中出现漏洞时所采取的相互协助的战术配合。在比赛中，通过同伴间的相互补位，可以有效地遏制和破坏对方的进攻行动，变被动为主动。补位的形式主要有以下几个。

（1）队员去补空当，比如边后卫插上助攻时，就有一个同伴暂时补他的位置，以防止插上进攻失误时，对方利用这个空当进行反击。

（2）当同伴被突破之后，保护队员要及时补位防守，将球夺回来或阻断其进攻路线。被突破的队员要立即后撤选择适当位置转化为保护队员。

（3）在守门员出击时，后卫队员要及时回撤到球门线附近，弥补守门员的位置，防止守门员出击出现失误，对方突然射空门。

3. 围抢

围抢是指防守时几名队员同时围堵、抢断某局部地区的对方控球队员的默契战术配合。防守队半场的两个底角和中场的边线附近是围抢有利位置。围抢有以下几个要求。

（1）在围抢的局部地点守方人数占有优势，而且距离比较近，思想统一。

（2）在对方进攻推进缓慢或者局部配合过多、缺少转移进攻的时候，要迅速组织围抢。

（3）被围抢的队员尚未控制好球时，他附近又没有接应队员或传球路线时要及时围抢。

（4）一般要在边、角场区，对方身体方向和观察角度较差时或在守方门前接球、运球、射门时,坚决展开围抢封堵。

4. 局部防守战术的注意事项

(1)保护和围抢队员时,要保持适当的距离,比如对技术型队员距离应近些,对速度型队员距离应稍微远些。

(2)保护队员选位调整角度要灵活,若同伴堵内放外,保护队员选位角度要偏向外线。若同伴堵外放内保护队员选位角度应偏向内侧,配合同伴可以形成夹击之势。

(3)保护队员还要通过语言指挥同伴抢截和选位,同时让同伴知道自己的保护位置,使防守配合更加默契。

(4)如果防守队员能够追上对手,尽量不要交换防守和进行补位。

(5)保证罚球区及附近的危险区域不出现空当。

(6)尽可能围抢成功,不可以疏漏,避免对方突破防守而造成被动。

(7)围抢时应贴身逼抢,但要切记不可犯规,特别是在门前,犯规被罚点球将可能会造成不可挽回的损失。

(三)集体防守战术教学

集体防守战术是指全队所采取的防守配合。

1. 集体防守战术防守类型

在集体防守战术中通常的防守类型有:人盯人防守、区域盯人防守和混合防守。

(1)人盯人防守

人盯人防守是指每个防守队员盯住一个对手,封锁对方的进攻路线,控制对手的活动和传、控球的配合方法。这种打法突出的特点是在全场攻守的每一个时间与空间,两两对垒的情况总是让每一个进攻队员始终处于压力之中。

(2)区域盯人防守

区域盯人防守是根据场上队员位置的分布,每个防守队员防守住一个区域,在对方某个队员跑入本区域时,就进行积极防守,限制对方进行进攻活动的配合方法。区域盯人打法规定每个防守者的明确任务,但同伴间仍需要相互协作,当某一区域盯人防守失败时,邻近队员及时补位,被突破防守队员应及时地与他换位,以求集体防守的有效性。区域盯人防守应特别注意各区域间交界处的防守。因为这些交界处由于防守职责不明确让进攻者有机可乘。

(3)混合盯人防守

混合盯人防守是指人盯人与区域防守相结合的防守配合方法。最主要的特点是可以根据对手的情况,灵活地将盯人防守和区域盯人防守的优点充分利用,以提高全队防守的效益。混合防守队员大多是体能素质高、个人作战能力强的队员以人盯人防守盯住对方的核心球员,其他队员采用区域盯人防守。

2. 集体防守战术的注意事项

(1)在参加集体防守时,每个队员都要具有较强的个人作战能力,尤其是人盯人防守战术,对于个人作战能力要求更高。

(2)要求同伴之间相互协作,配合默契。当同伴盯人失误时,邻近队员根据场上情况,进行迅速、灵活补位,以保全整体人盯人防守的严密性,当区域或者整体进行防守时,要具有集体感,不可自己贸然行动。

(3)每个防守队员必须有较强的体力素质。因为在全场范围内,防守队员始终不停地奔跑和逼抢。

四、定位球战术教学

定位球是在比赛中成死球时所采用的攻守战术手段,在比赛中,有一半的入球都是来自于定位球配合,尤其是在关键性的比赛中,胜负常常是由任意球、角球、掷界外球的配合才能顺利攻入的。下面对定位球战术进行详细分析。

(一)任意球攻守战术教学

1. 任意球进攻战术

(1)直接射门

直接射门时有两种方法:一种是获得任意球,在规则允许范围内,不经裁判员的鸣哨,在对方没有准备的情况下,突然快速射门;另一种是利用"人墙"的漏洞或者是守门员站位失误的情况下,越过"人墙"直接射门。

(2)配合射门

除了直接射门外,还采用长传门前由同伴头顶射门或者先短传然后中长传配合射门。无论采取那种方式配合射门,都应该遵循两个原则:路数简单,技术简练,不能过多传球,要迅速射门;声东击西,避实就虚,避开"人墙"或者突破"人墙",创造射门机会。

(3)两侧斜传强攻

当罚球点在罚球区附近两侧时,采取这种进攻战术。斜传一般传空中球,中路由选择头顶球技术好的球员进行冲顶,其他的进攻队员进行有序插上冲击,扰乱对方,创造射门机会。

2. 任意球防守战术

无论是防守直接任意球还是间接任意球,前锋、前卫应迅速回防,迅速组织人墙。以射门角度的大小确定组墙人数,一般2至6人为宜。人墙封堵距球门较近的一侧,守门员站在距球较远的一侧。人墙要听从守门员指挥,迅速调整位置。其他防守人员,距球近的盯人,距球远的守区域。但都不得站在人墙线后面,因这时的人墙线就是限制进攻队员的越位线。

3. 任意球攻守战术的注意事项

(1)干扰对手罚球,争取时间,快速组织人墙。

(2)根据罚球地点、角度确定排墙的人数。通常为2～6人。人墙封球门近角,守门员要选择最佳位置,既能看清球和罚球者的动作,又能兼顾整个球门的防守。

(3)由守门员指挥,还可由人墙最外侧第二位队员进行指挥,该队员离球9米,让近门柱、自己、球成一条直线,以防从外侧绕过人墙的弧线球。

(4)守门员选位在球门偏中,应该看清球和罚球者的动作,重点防守球门一侧,兼顾人墙封挡的部分,注意力集中。

(5)在球罚出后,人墙要迅速压上,有效地封堵和缩小射门角度。切忌过早散开人墙。

(6)守门员选位应在球门偏中,遵守纪律,按预定计划完成各自的任务。

(7)遇到危急情况时,抢先触球、踢远、踢高、向边线界外踢。

(二)角球攻守技术教学

1. 角球进攻战术

角球是破门得分的主要手段之一,角球进攻有短传配合和长传配合两种。大多数都会采用弧线球将球传至门前区域。

(1)短传角球

短传角球最大的优势就是快,在角球弧处能形成人数优势,缩短传中距离,提高传球的准确性和增大传球角度,丰富战术打法。一般在队员身材不高、争夺空中球能力较弱时采用。

(2) 长传角球

大多数长传角球是把球传至门前区域,由同伴头顶或配合射门。通常落点有前点、中间、后点三个区域。长传角球时,主要有以下两个传球方式。

①传前点球。把球传至近门柱的前点区,一队员抢点射门或向后蹭传,异侧队员包抄抢点攻门。

②传中后点球。把传球至球门区与罚球点之间的区域,包抄队员分层次跑动抢点射门。注意传球和跑动时机要默契。

2. 角球防守战术

角球防守时应以多胜少,少数人留在外线以备反击。一般以头顶球技术较好的队员把守主要区域。对方踢角球时,前锋、前卫要快速回防。守门员站在远端门柱附近的球门线上,以便于观察球的运行方向及双方队员活动情况,果断采取下一步行动。由一名边后卫站在近端门柱处以防发向近端门柱的球。一个边锋可站在离球 9.15 米的端线附近,以防止攻方采取配合战术或者传低平球,并对角球者心理上起一定的扰乱作用。当守门员冲出球门时,需有队员及时补空门,以争顶能力强的队员守住门前危险区,重点防守对方顶球好的队员。其他队员进行盯人防守,不能漏人。

3. 角球攻防战术注意事项

(1)所有队员的注意力都应该高度集中,分工明确,尤其是在交接处,各司其职,人球兼顾,切忌不要盯人不盯球或者盯球不盯人。

(2)防守者应该抢占有利位置,始终处在球、对手和球门内侧之间。

(3)在解围或者危急时,需要抢先触球,踢远、踢高、向两边踢,要保证控球的安全性。

(4)传角球进攻时,一定要迅速,队员之间要配合默契。

(三) 界外球攻守战术教学

在足球比赛中,界外球非常频繁,不能低估它的作用,尤其在罚球区两侧的界外球,其效果已接近角球。界外球通常由 2～4 人配合进行,距离在 5～10 米较多。

1. 界外球进攻战术

(1)3 人或 3 人以上配合

由于在中前场进攻时,守方采用紧逼盯人,2 人配合不易成功,需要 3 人或更多队员的配合。可采用一拉一接、一接一插等配合方法拉出空当。

(2)掷长距离界外球配合方法

如今很多队员都能掷出 20 米以上的界外球,来增强威慑力。

2. 界外球防守战术

当对方掷界外球时,全队集中注意力,对可能接球的队员应紧逼盯人。同时还应相互保护,防止对方切入空当。尤其要严防后场掷向门前的界外球,全队要及时回防到位,队员要站在掷球员附近进行干扰,限制其掷出低、平弧度的界外球。

3. 界外球攻守战术的注意事项

(1)掷球要快,掷给无人盯防者。
(2)掷球要准,有利于接球、控球和直接处理球。
(3)接球者的摆脱要突然、及时,还可以用假动作诱骗对手。接球时不可以离球太近,否则易造成掷球违例。
(4)掷球者掷出球后要立即进场接应,有利于形成人数优势。
(5)对方掷球者掷出球后,要迅速回防到位。
(6)在对方掷球时,要尽力干扰对方掷球,打乱对方进攻部署。

第三节 高校足球实用战术的训练

一、足球比赛阵型训练

练习一:各个区域及位置的责任分区练习。
练习二:各个区域及位置相互靠拢、补位练习。
练习三:半场攻防练习。分别进行进攻和防守练习。
练习四:阵型演变比赛。要求各个层次及区域的相应位置的队员,保持好版块的整体性。分别进行各种阵型演变练习。

二、足球进攻战术训练

(一)个人进攻战术训练

练习一:移动接球。接应队员避开障碍物旗杆,向两边空当接同伴的传球。接球后再回传给同伴，再向另一边移动接球，以此重复练习。可定时交换练习。

练习二：在40米×40米方块场内。进行同时多人、多球的传球与接应练习。重点是选择传球目标，观察、呼应与跑动接应。随着练习的熟练，可以增加练习用球的数量和限制触球次数。

练习三：交叉换位。将人员分成两组，在前场进行交叉换位跑动，队员A与队员B交叉换位后接队员C的传球，再进行配合射门。

练习四：一抢二练习。在长25米、宽15米的范围内进行一人抢球，二人传控的练习，控球一方的无球队员要积极选位接应。防守者抢到球即成为控球一方，由失误的队员担任防守者。可计时交换位置重复进行练习。

练习五：第二空当跑位。接应者队员A快速跑向由同伴队员B拉出的第二空当，接队员C的传球射门。

(二) 局部进攻战术训练

练习一：各种二对一射门练习。

练习二：踢墙式二过一练习。

练习三：连续斜传直插二过一练习。

练习四：在罚球区前10米×10米范围内进行二过一配合射门练习。

练习五：在10米×20米场地上设两个球门进行二对二练习防守，需有一人为守门员，在规定时间里相互展开攻守。

练习六：各种无固定配合踢墙式二过一练习。

练习七：回拉接应反向切入射门练习。

练习八：间接二过一射门练习。

练习九：半场中路进行三对二射门练习，规定最多三次传球之后必须射门。

(三) 集体进攻战术训练

练习一：边路进攻练习。均分为两队，每队5～7人可在70米×50米的场地上进行，但在距边线处的场地两侧另加两个6～7米宽的小球门，进攻队员必须先将球传过两侧的任何一个球门后才能射门。练习规则是学生必须先通过边路的小球门再射入正式球门，才能得分；进攻时队员要有意识地通过配合或个人突破越过小球门，从边路组织进攻。

练习二：边路传中与中路射门练习。教师分别将球传给⑦号和⑧号，⑦号和⑧号接球后传给接应⑨号和⑩号做二过一配合，然后快速运球传中，⑨、⑩号抢点射门（图5-12）。

图 5-12

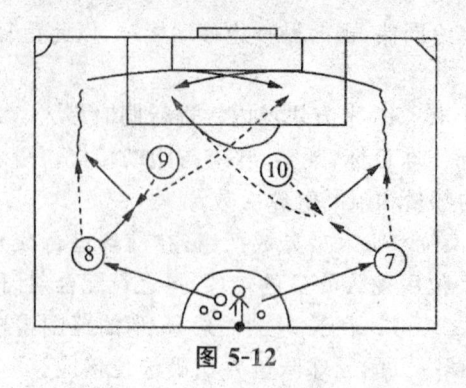

三、足球防守战术训练

(一)个人防守战术训练

练习一:结合位置的诱导性进行有球练习。在半场内全队按照比赛阵型分别站好各自的位置,一个人多方向控运球,各位置随球方向的变化做选位练习。

练习二:诱导性有球练习。进攻队员在离球门 16~20 米距离内做横向运球,防守队员练习选位。

练习三:一对一盯人练习。在半场内,两人一组,进攻队员向球门做变向与变速运球,防守队员进行盯人练习。

练习四:无球结合球门的练习。两人一组,面对面站立,相距 2 米左右,一攻一守,进攻队员做摆脱跑动,防守队员做选位盯人练习。

(二)局部防守战术训练

练习一:在 10 米×30 米的 3 个方格内进行练习(图 5-13):S 将球传给被❶号队员盯防的①号,❶号的任务是迫使①号横向活动并阻止其达到对面的端线。❷的主要任务就是保护❶。

练习二:练习在 30 米×20 米的 6 个方格内进行:每方格内有两名队员,其中包括一名守门员(图 5-14)。两端设球门,在进攻队员距离球门较近,射门无阻拦时,鼓励队员多射门,以增加其信心和勇气。要求防守队员必须严密紧盯对手,阻止其射门。

练习三:2 对 3 攻守练习,在 10 米×20 米的场地上进行,当进攻者突破一名防守者时,在临近的两名防守者之间进行补位练习。

图 5-13

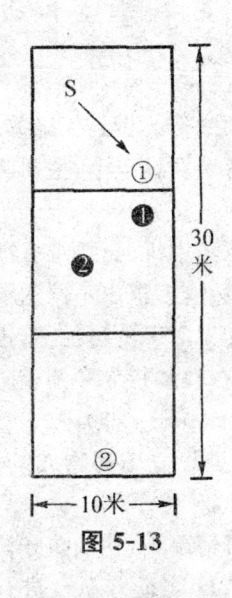

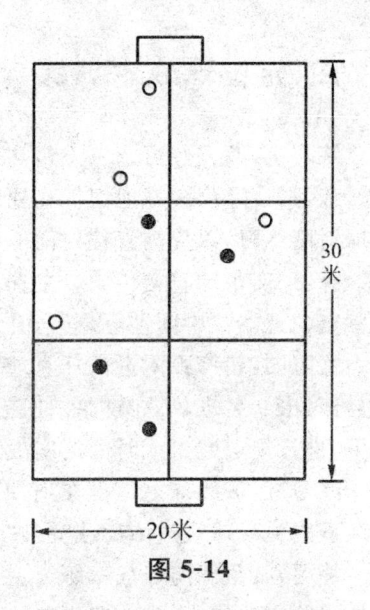

图 5-14

（三）集体防守战术训练

练习一：无对抗的 7 人区域防守练习。⊗传给⑩，所有队员按箭头所示向⑩移动，放开⑦，⑩将球回传给⊗，所有队员向⊗移动，⊗传球给⑦，7 名防守队员又向⑦移动，放开⑩，如此反复做若干次（图 5-15）。

练习二：有对抗的区域盯人防守：6 攻 7 练习，进攻一方利用套边、中路渗透、灵活跑位配合进攻。防守一方积极抢断。❾远离❻控球时，❻不盯❾，而是在原地等待❾带球前进时再进行堵抢。如果❾插向❹和❺之间的空当，❻回撤紧盯❾，或者❺移动盯❾，❻回撤至❺空出的防守区域保护❺，使中路防守始终保持一人轮空保护（图 5-16）。

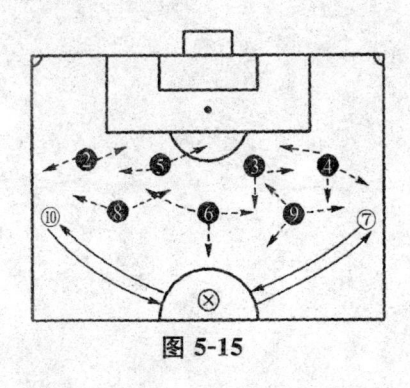

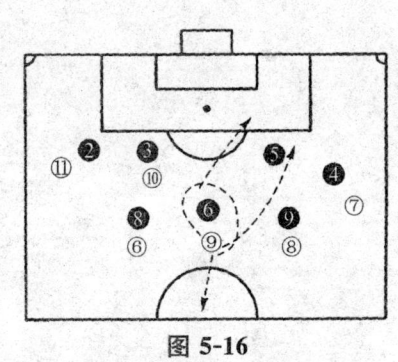

图 5-15

图 5-16

四、定位球战术训练

练习一:两人练习。一人传高球给同伴头顶蹭传。做到正确熟练。

练习二:定位多球射门。在罚球区附近的各个罚球点上,主罚队员进行多球射门练习,以提高直接射门的准确性。

练习三:角球直接传中。主罚队员进行多球传中练习,要求有准确的罚球落点("近端""中间""远端"),并对出球的弧线、速度提出不同的要求。

练习四:罚球弧附近的任意球防守练习。在无对手的情况下,进行防守布局:对由 9 名进攻队员的各种选位进行防守;在教师指导和调整防守的情况下,进行规定数量或时间的实战对抗练习。

练习五:弧线球射门。在离罚球点 9.15 米处设立障碍物或"人墙",主罚队员踢弧线球绕过障碍或突破"人墙"射门。

练习六:角球防守战术练习。在无攻方队员情况下,明确防守队员任务后练习防守站位;安排 9 名进攻队员,自由选位,11 名防守队员进行实战对抗练习。

练习七:一拨一射练习。在射门的罚球点上,由队员 A 短距离拨给队员 B,队员 B 在队员 A 传球前就应先期隐蔽移动,待队员 A 拨出球后,队员 B 到位射门。此练习主要训练有关配合人员对传球、跑动、射门时间上的默契和射门队员对踢地滚球的适应程度。在此基础上可以适当增加局部练习人员。

第六章 高校足球基本素质训练

足球运动技战术的提高,必须以基本素质为基础。因而在高校足球实用技战术教学训练中,对学生进行基本素质训练是一个非常重要的基础训练环节。足球运动的基本素质主要包括体能素质和心理素质,本章主要就从这两方面来进行论述。

第一节 高校足球体能素质训练

现代足球逐渐向全攻全守方向发展,因此对足球运动员的身体素质提出了更高的要求。因而体能素质对高校学生足球运动技战术水平的提升具有重要意义,高校足球运动训练中身体素质训练是必不可少的训练内容。

一、高校足球体能训练概述

(一)高校足球体能训练的内容

高校足球教学训练中的体能训练,主要包括力量、速度、耐力、灵敏和柔韧等几个方面。而从运动项目技能的角度来看,其主要分一般身体素质训练和专项身体素质训练两方面的内容。力量、耐力、速度、柔韧和灵敏等基本运动能力是高校足球运动员应当具备的一般身体素质;而在力量、耐力、速度、柔韧、灵敏等方面所表现出来的符合足球运动特点的特殊能力,则是高校足球运动员需要进行训练的专项身体素质。

高校足球专项身体素质训练与一般身体素质训练是相互促进的,一般身体素质训练是专项身体素质训练的基础,而专项身体素质训练是一般身体素质训练的目的和归属。对高校大学生足球运动者进行一般身体素质训练,能有效地促进学生专项身体素质的提高。如果忽视一般身体素质的训练,很显然是难以全面、均衡、协调地发展专项身体素质的,因而也必然会限制足球运动技术技能的提高。而只进行一般身体素质训练,则不能适应足球运动技术技能特点的需要,难以提高足球运动训练水平。由此可见,在高校足球身体素质训练中,一般身体素质训练和专项身体素质训练二者之间是不能相互取代的。

高校足球运动身体素质训练过程中,一般身体素质训练应适当运用多种多样的非专项身体练习,以改进高校足球运动员的身体形态,提高其身体机能与全面发展足球运动所需要的一般身体素质。而在进行专项身体素质训练的时候,则应该合理地运用与足球运动密切联系的身体练习,发展和改善高校运动员的专项身体素质以及专项身体素质所需的身体形态、体能。高校足球运动身体素质训练应全面、科学、详尽,避免机械和呆板,充分考虑发展各项素质之间所产生的作用与影响。另外,训练还要符合身体训练与技术技能发展的基本规律。

(二)高校足球体能训练的原则

1. 全面化原则

全面化指在发展足球专项运动技能的前提下,高校教师还应该全面安排和充分发展学生的各项运动素质,让身体形态、技能、身体素质和心理素质等都得到全面和谐的发展。训练全面化的原则依据主要有三个方面。

(1)不同的运动技术,对体能的要求有所区别,因而高校学生足球运动员技术技能想要达到一定的水平,就必须广泛、全面地发展运动素质和身体机能。

(2)人的各项身体素质是相互依存、相互促进的,当然超过一定的范围也会有所制约。如力量素质的发展,能有助于速度素质的提升;但是如果力量素质过大,也会影响速度素质的发展。但就足球运动技术特点对体能素质的要求来说,专项体能素质的发展可以不用考虑制约性。因此,全面发展体能素质,能使各项素质相互促进,全面提升。

(3)在高校足球训练中,体能素质和运动技能之间的转移需要一定的基础条件,专项运动素质和技能也需要建立在一般运动素质的基础上。因此,只有全面安排体能素质训练,才能满足高校学生足球运动员技术技能发展的要求。

2. 系统性原则

系统性原则指在开始从事训练到训练有一定成绩的整个过程中,都应按照体能发展的内在规律,作出相应的合理规划,持续不断地进行训练。该原则要求要对整个高校学生足球运动员体能训练进行系统的规划,并且,在内容、手段、负荷等各个方面,都要做出系统的安排。

人的生长发育具有年龄阶段性,大学生阶段是发展体能素质的一个较好的阶段,因此应该采取适当的训练手段和方法,充分挖掘运动素质潜力,为创造高水平成绩打下基础。

3. 针对性原则

高校足球体能训练必须坚持针对性原则。不同的高校足球运动员在身体条件、训练水平、生理技能等方面存在着较大的差异,训练时会表现出不同的特点,如果不能有针对性地采用训练手段,必定事倍功半。高校学生足球运动员的身体素质训练中,要根据每一个学生的特点有针对性地确定身体素质训练任务,并且应该选择不同的训练方法、手段以及负荷量,做到因材施教、区别对待,以保证训练事半功倍。

4. 结合专项原则

结合专项原则指在全面性体能训练的基础上,根据大学生所参加的各运动项目的技战术和专项能力特点,充分发展专项所需的运动素质,以提高学生运动员直接创造优异的专项运动成绩。结合专项原则的主要依据如下。

(1)足球运动体能训练的主要目标都是发展足球运动技术技能,体能训练是技术、战术训练的基础,因此体能训练不能偏离了专项运动训练这一终极目标。

(2)结合专项进行体能训练,能使学生在身体形态以及机能方面对该足球运动项目技术技能的特殊要求产生适应,有利于专项成绩提高。

5. 积极恢复原则

高校学生运动员能承受更大运动负荷是提高足球运动技术水平的关键,而每一次训练后机体恢复的状况则是下一次运动训练负荷强度安排的前提,因此足球运动体能训练必须重视积极恢复。

大学生足球运动员在承受大负荷训练或比赛后,机体恢复速度的快慢,直接影响到足球运动训练与比赛的成效。随着现代足球运动水平的不断发展,训练与比赛负荷的逐渐增大,在体能素质训练的过程中经常需要采用恢复训练、营养恢复、医学恢复、生物学恢复以及心理恢复等手段。这些手段不仅可以防止过度训练,预防与减少运动损伤,而且能提高大学生运动员5%~10%的负荷能力。

二、高校足球体能训练的方法手段

(一)足球耐力素质训练

1. 耐力素质训练的意义

人体持久进行肌肉活动的能力便是耐力素质。一场足球比赛需要进行一个半小时。据有关统计显示,在一场高水平的足球比赛中,运动员需要跑动 8 000～12 000 米的距离。其中全速快跑和冲刺的时间约有 5 分钟,中速跑的时间为 25～35 分钟,慢跑和走的时间为 45～55 分钟,整个比赛过程中还需要快速完成技战术动作数百次。如果没有良好的耐力素质,运动员就有可能在比赛中出现体力、脑力、感觉、情绪等方面机能下降的现象,很难保持良好的竞技状态去完成比赛。因而高校足球体能训练中,耐力素质是最为重要的内容之一。

2. 一般耐力素质训练的方法手段

(1)肌肉耐力训练的方法手段

①连续半蹲跑。保持半蹲姿势,向前跑进 50～70 米,不规定速度,返回时采用步行方式做到尽量放松。

②连续跑台阶。在高 20 厘米的楼梯或高 50 厘米的看台上,连续跑 30～50 步。在跑 20 厘米高的楼梯时,每步跑 2 级。要求动作不能间断,没有时间限制,向下走时尽量放松,心率恢复到 100 次/分钟时可开始下一次练习。

③长距离多级跳。在跑道上做多级跳,每组跳 80～100 米,约 30～40 次,3～5 组,组间歇 5 分钟。如果规定完成时间,强度会大大提高,注意组间的恢复情况。

④重复爬坡跑。在 15°的斜坡道或 15°～20°的山坡上进行上坡跑,重复 5 次或更多次数,跑距 250 米或更多些。

⑤逆风跑或负重耐力跑。遇有风天气(风力不超过 5 级)可在场地或公路上做持续长距离逆风跑的练习,也可做 1 000 米以上的重复跑练习。

⑥沙滩跑。在沙滩上做快慢交替自由跑,每组 500～1 000 米,也可穿沙背心跑,速度变化和要求可因人制宜。

⑦水中支撑高抬腿。在 40～50 厘米深的浅水池中,两手扶池壁前倾支撑做高抬腿的练习,每组 50 次。也可在水中行进间后蹬跑穿插进行该

练习。

(2)有氧耐力训练的方法手段

①水中快走或大步走。在深 30～40 厘米的浅水池中,做快速走或大步走练习,每组 200～300 米或 100～150 步,4～5 组。

②沙地连续走或负重走。海滩沙地徒手快走或负重(杠铃杆或背人)走。徒手快走每组 400～800 米,负重走每组 200 米。

③法特莱克跑。在场地、公路、田野上进行,自由变速的越野跑或越野性游戏。最好在公园、树林中进行,约 30 分钟左右,也可更长些时间。

④越野跑。在公路、草地、树林、山坡等场地进行。距离要求,一般在 4 000 米以上,多可达 10 000～20 000 米。

⑤水中定时游。不规定游泳姿势及速度,规定在水中游一定的时间,例如不间断地游 15 分钟、20 分钟等。要求不间断地游。

⑥5 分钟以上的循环练习。根据专项选择 8～10 个练习,组成一套循环练习,反复循环进行 5 分钟以上。

⑦12 分钟跑;100～200 米间歇跑;400～800 米的变速跑;3 000 米、5 000 米、8 000 米、10 000 米等的定时跑或越野跑。

3. 专项耐力素质训练的方法手段

(1)有氧耐力训练的方法手段

①进行半场 7 对 7 的控球对抗训练。要求每队传控好本方球,并全力破坏对方的传控(图 6-1)。

②进行 5 对 5 的间歇式传抢对抗训练。在 A、B 区交替转移传抢,每次换区后,传球队员留下。规定 2～3 次转移成功得 1 分;传够一定次数才可转移;听一定的信号方可转移(图 6-2)。

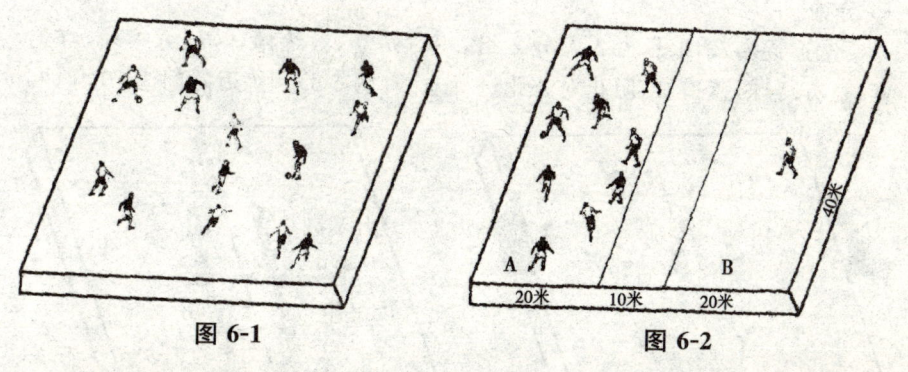

图 6-1

图 6-2

③进行有氧低强度循环训练。分 5 站进行,每站 4 人,共 14 个标志物,②、③、④站各设一供球人。站①:运球去—冲刺来回—运球回;站②:运球—

二过一传球；站③：冲刺跑途中头顶球；站④：侧前冲刺跑并直接回传球；站⑤：运球—传球—冲刺跑(图6-3)。训练时间为30分钟，每站各6分钟。

④进行跳跃—传球循环训练。半个足球场，10名队员，5个栏架，足球若干。训练开始，一名队员跳过栏架接守门员长传，然后按逆时针方向进行传球和跑动接应，最后一名队员接长传后完成射门(图6-4)。训练时间为15分钟。

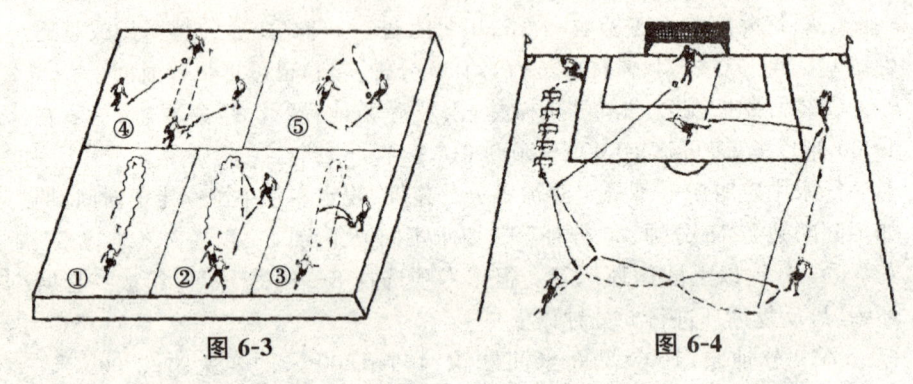

图6-3　　　　　　　　　　图6-4

(2)无氧耐力训练的方法手段

①原地快速跳绳。30秒×10，60秒×5(每次间歇30～60秒)。

②进行5米、10米、15米、20米、25米折返跑练习。

③进行重复多次的39～60米冲刺跑或100～400米高强度的反复跑练习。

④做1～2分钟的极限动作练习。

⑤规定时间的传抢球练习，如1/4场地的4对4传抢、1/2场地的6对6传抢、全场9对9传抢。

⑥争球射门训练。12人分为2组，各占半个足球场地，每组1名守门员，2人一组，争教练发出的球，得球者攻，无球者防(图6-5)。练习时间为15分钟。

⑦追逐游戏训练。12人分2组，相对站立，教练抛球，红方得球，红追蓝；蓝方得球，蓝追红，阻止对方跑进标志线(图6-6)。练习时间为10分钟。

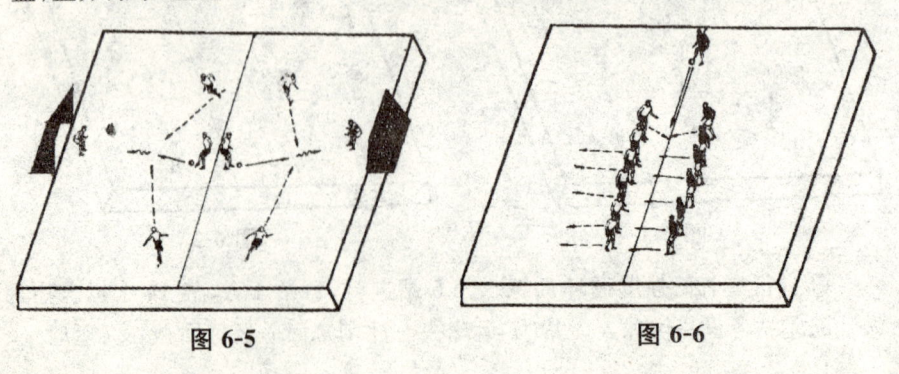

图6-5　　　　　　　　　　图6-6

⑧综合技能训练。做折线快跑 20 米—仰卧屈体 5 次—冲刺 10 米突停转身铲球—向左右做旋风腿各 1 次—快跑中跳起头顶球 3 次—冲刺射门两次—三级蛙跳练习(图 6-7)。

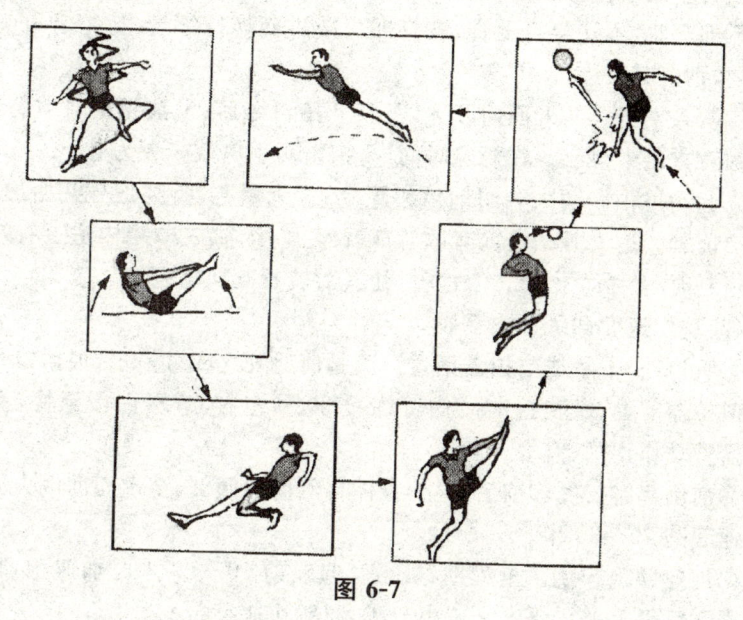

图 6-7

(二)足球速度素质训练

1. 速度素质训练的意义

速度素质在足球运动员的各项素质中有着重要的地位。现代足球比赛竞争激烈,节奏越来越快,运动员没有良好的反应速度、位移速度和动作速度,必定不能在比赛中取得时间和空间的优势,从而会影响水平的发挥。

高校足球运动速度素质训练的内容主要包括反应速度、位移速度和动作速度三部分。反应速度指运动员机体对各种刺激信号(视觉、声觉、触觉等)发生反应的快慢程度;位移速度指运动员机体在周期性运动(跑动、跳跃等)中的单位时间内位置移动的快慢程度;动作速度是指运动员机体完成动作的快慢程度。

2. 一般速度素质训练的方法手段

(1)反应速度训练方法手段

①听口令做对应的相反动作。听教练叫立正,训练者做稍息;命令向左转、训练者做向右转等等。

②听信号起动加速跑。慢跑中听信号后突然加速冲跑 10 米。

③反应起跳。训练者围圈面向圈内站立,圈内 1 至 2 人,站在圆心附近手持小竹竿或小树枝。游戏开始,持竿者将竹竿绕过站圈人脚下划圆,竿经谁脚下即起跳,不让竿打上脚,被打即失败进圈换持竿者,持竿者可突变划圈方向,训练其反应。

④两人拍击。两人面向开立,听到开始口令后,设法拍击对方背部,而又不被对方击中自己。在规定时间内,拍击对手次数多者为胜。

⑤起动追拍。两人一组前后相距 2~3 米慢跑,听到信号开始加速跑,后者追前者。追上并拍击前者的背部就停止,要求在 20 米内追上有效。也可在追赶时,教练发出第二个信号,让其后转身互换追赶。

(2)动作速度训练方法手段

①听口令、击掌或节拍器摆臂。两脚前后开立或弓箭步,根据口令或击掌或节拍器节奏,做快速前后摆臂练习 20 秒左右,节奏由慢至快,快慢结合。摆臂动作正确、有力。

②前倒起跑。两脚前后开立,身体自然向前倾倒,至重心前倒失去控制时迅速起跑 20~30 米。

③加速助跑起跳。全程助跑跳远,起跳前 10~20 米时加速跑,起跑后做蹲踞式跳远落地。要求全速中起跳,起跳快速果断。

④起跳快速转体。三步助跑起跳,摆动腿屈膝上摆,空中转体 180°~270°,起跳腿落地。要求转体时躯干保持直,起跳、转体速度越快越好。

⑤移动断球。两名队员相距 6 米站立,做快速不间断传球。中间一名防守者在移动中断球,如断球到手后将球传给传球者。

(3)位移速度训练方法手段

①往返移动。按正方形放置 4 个球,各相距 5 米。从一个角开始依次用手去摸各角的球,每次触球后都要返回起始点,重新开始向下个球跑去。

②行进间跑。加速跑 20~30 米,在到达规定行进间的距离前达最高速度,在规定距离内保持最高速度跑,跑出规定距离后随惯性放松至慢跑,行进间距离可 20 米、30 米、50 米、60 米、80 米、100 米等。

③重复跑。以 95% 或以上的速度,重复多次跑短于专项的距离。也可以重复跑一组不同的距离。

④高抬腿跑转加速跑。行进间快频率高抬腿跑,听信号后转加速跑,要求高抬腿,动作规范,频率逐渐加快,加速跑时频率不变。

⑤后蹬跑变加速跑。行进间后蹬跑 20 米,听信号后变加速跑 20~30 米。要求后蹬动作规范,用力方向向前,加速跑速度越快越好。

⑥让距追赶跑。两至三人一组,根据速度水平前后拉开距离,速度快者

在前,听信号站立式起跑后全速跑,后者追赶前者,前者严防后者追上。跑30米、60米。

⑦起跑下坡跑。沿7°～10°的斜坡跑道通过站立式或蹲式起跑进行下坡跑30～60米。要求随下坡惯性积极加快频率及速度。

3. 专项速度素质综合训练方法手段

(1)起跑练习:采用站立式、侧身式、蹲踞式、坐地、坐地转身、俯卧、仰卧、原地跳跃、滚翻后等姿势起跑,起跑10～30米即可。

(2)突然起动练习:在颠球、传球、接球、顶球、慢跑、侧身跑、小步跑、高抬腿跑等情况下突然起动跑进,跑5～10米即可。

(3)快速跑练习:反复练习小步跑、高抬腿跑、加速跑、全速跑、顺风跑、下坡跑、牵引跑等,发展位移速度。

(4)绕杆跑练习:在20米的距离内,设置不同间隔和有方向变化的标杆,尽可能快的速度做绕杆跑,发展快速绕过障碍的能力。

(5)在限定的时间内快速完成传—接—传,运—传—接—射门等动作,建立快速动力定型,提高动作速度。

(6)两人或多人一组,在连续奔跑中完成同一传接球练习,提高运动员机体的肌肉感觉的快速精确分析机能。

(7)在较小场地内做2对2、3对3的传抢练习,发展速度素质。

(三)足球力量素质训练

1. 力量素质训练的意义

力量素质指肌肉运动时克服外部阻力和内部阻力的能力。足球运动虽然不如一些力量性项目需要强大的力量素质,但是对力量素质也有一定的要求。这主要有三方面的原因:一是力量素质是速度素质的基础;二是足球运动的射门技术、合理冲撞抢球技术、长传技术和定位球技术等,都对力量素质有较高的要求;三是良好的力量素质能有利于运动员对身体的掌控,比如有良好的腰背、躯干力量素质,跳起空中争顶头球时才有力量,而且能较为准确地控制出球方位。因此,高校足球运动身体素质训练要重视力量素质的发展。

从足球运动技术特点来看,足球运动力量素质训练,需要发展头部力量素质、手掷球的力量素质、躯干腰背部的核心力量素质、腿部的力量素质等。另外,在足球比赛中,运动员需要在克服自身体重、球及对手冲撞的阻力的前提下完成各种起动、奔跑、转身、跳跃、急停等基本动作,还要准确地完成传、接、顶、射门及合理冲撞等技术动作,因而各部位的力量素质还应该相互适应,协调发展。

2. 一般力量素质训练的方法手段

(1)仰卧起坐。仰卧在地板上或体操垫上,使身体处于水平位置,腿伸直,两手抱头,然后向上抬上体至垂直部位,再慢慢后倒成原来姿势。在进行一般力量素质训练时起坐动作速度要快,下卧时动作速度应慢。

(2)俯卧撑。俯身向前,手掌撑地,两臂伸直,手指向前,两手撑距同肩宽,两腿向后伸直,两脚并拢以脚尖着地。两臂屈肘向下至背低于肘关节,接着两臂撑起伸直成原来姿势。

(3)双杠臂屈伸。两臂屈伸在双杠上,身体垂直在杠内,屈臂至两臂完全弯曲,接着用力撑起,使两臂伸直成原来姿势。在训练时身体要直,下肢自然下垂,腿不要屈伸摆动。

(4)体后屈伸。身体俯卧在垫子或凳上,髋部支撑,脚固定两臂前举连续做体后屈伸动作。练习中体后屈时,上体尽量抬高。

(5)连续跳跃。用单腿跳跃和双腿跳跃进行水平跳,向前跳和向上跳。训练时上体正直、蹬地有力、动作连贯。

(6)收腹举腿。仰卧在体操垫子上或地板上,身体伸直处于水平位置上,两臂伸直自然置于体侧,然后收腹向上举起双腿至垂直部位,再慢慢放下成原来姿势,练习时收腹举腿动作速度要快,放腿速度应慢。

(7)仰卧推举。仰卧在推架上,调整好呼吸(用力时应先吸气),双手握紧杠铃,双手距离略宽于肩,然后把放在架上的杠铃举起,在适当的控制之下慢慢放低杠铃至胸部,轻触胸部的瞬间再立刻出力上举直至两臂伸直状态。

3. 专项力量素质训练的方法手段

(1)颈部、上肢、肩背力量素质训练

①两手扶头,在颈部转动时给予抵抗力。

②大力掷界外球、掷超重球、掷实心球。

③利用双杠双臂屈伸、单杠引体向上、杠铃推举。

④两人一组,做重叠俯卧撑。一人俯卧,另一人在甲的背上做俯卧撑,或二人同时做俯卧撑。

⑤两人一组,面对坐地,两腿分开,抛、传足球。

(2)腰腹力量素质训练

①原地或行进间收腹跳、向后展腹跳。

②做起跳后空中转体或收腹用力顶球练习。

③仰卧,两脚夹球离地15~20厘米,以腰为圆心画圆。

④爆发起跳并充分展腹,爆发起跳并向后屈膝,两手触脚跟。

(3)腿部力量素质训练

①做连续向前并腿或单腿跳练习。

②做单腿或双腿起跳摸高或用头触球练习。

③肩负杠铃或手握哑铃,连续向上跳或由站姿下降至深蹲。

④做远距离传球和大力射门练习。

⑤做多球的连续跳起空中头顶球、空中敲球、空中传球练习。

⑥小腿负重,在不影响正确动作规格的前提下尽力踢球。

(4)全身力量素质训练

①蹲跳顶球。取半蹲姿势,连续蹲跳中顶球。

②两人抢夺球练习。甲乙二人合作相互进行抢夺球练习。

③两人倒地起身练习。甲运球,乙从侧面铲球,乙在铲球倒地后尽可能快地起身去追球。

④两人合理冲撞对抗练习。甲运球,乙贴身跟随并冲撞甲,甲在被冲撞过程中要稳住重心;也可两人同时进行争顶球的合理冲撞。

(5)综合力量素质训练

①负重练习:在训练中增加运动负荷,以发展力量素质。

②非对抗量练习:针对个体,在训练中充分利用球发展力量素质。

③对抗力量练习:针对集体,在训练中利用跑动中争夺控球权的合理冲撞、身体挤压、连续跳起争顶球、贴身紧逼对抗等发展力量素质。

(四)足球灵敏素质训练

1. 灵敏素质训练的意义

在足球运动中,运动员面对各种复杂、变化的情况,随机应变、灵活自如地变换体位、改变动作、完成比赛的能力便是灵敏素质,其对足球运动来说有着重要的意义。现代足球运动水平急速发展,技战术不断创新,竞争日益激烈,对运动员的观察力、判断力、协调性、反应速度都有了更高的要求。因而运动员要想在比赛中争取胜利或实现预期的比赛结果,就必须在完成动作的时间上、用力上、节奏上、空间上等处理好自己与对手、与球之间的关系。大学生足球运动灵敏素质训练的设计应结合足球运动和比赛特点、足球技战术练习形式进行。

2. 一般灵敏素质训练的方法手段

(1)前进或后退的交叉步练习,前、后交叉加侧出步侧向移动练习。

(2)各种跑的练习。如转身跑、快速后退跑、快速跑动中看手势改变方向、快速连续绕障碍跑等。

(3)各种滚翻与起动跑。训练者分散站开,听一声长哨做前滚翻,听一声短哨做后滚翻,听掌声起动跑,教练可不断变换信号。

(4)躲闪摸杆。防守者站于杆前,进攻者用虚晃动作骗取防守者的重心偏离,然后超过防守者用手摸杆。

(5)喊号追人。将训练者分成若干组,每组若干人,分别坐在中圈内,教练喊某一编号,各组该号训练者沿中圈快跑,以最快返回自己位置者为胜。

(6)两人冲撞躲闪。两人一组,在慢跑过程中试图冲撞对手,对手应尽可能运用躲闪,避免被撞到。

3. 专项灵敏素质训练的方法手段

(1)进行各部位的颠球练习。

(2)进行带球过杆练习。

(3)将球踢向身后,然后迅速向前绕过障碍折回接反弹球。

(4)距墙约10米远,利用两个球,快速、连续地对墙踢球。

(5)在运球的过程中做各种起动、回扣、拨挑、颠耍等动作。

(6)跳波浪绳训练。教练与一名队员双手握一根长绳子,将绳子上下抖成波浪形,要求其他运动员敏捷地从上跳过,不准碰到绳子。

(7)虚晃摆脱训练。3人一组,甲传球,乙盯防,与甲相距5米左右的丙利用左右虚晃动作突然摆脱乙或利用前跑反向要球,乙紧逼丙。三人轮换进行。

(8)多种障碍跑训练。在平整的场地内设置各种障碍,要求运动员用爬、跑、滚翻、跳跃等动作尽可能快地通过全部障碍(图6-8)。

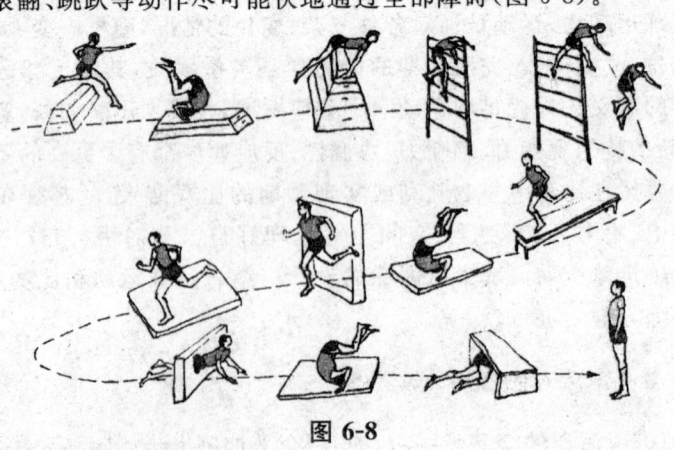

图6-8

(五)足球柔韧素质训练

1. 柔韧素质训练的意义

柔韧素质指个体肌肉、韧带的伸展长度以及关节的活动幅度,对发展其他素质、避免损伤具有重要意义。柔韧训练可以增加大学生运动员肌肉、关节、韧带的灵活性、柔韧性、弹性,对运动员增大运动幅度、提高动作难度有重要作用,还有助于提高运动员髋关节、踝关节的活动幅度和灵活性;改善运动员下肢和腰腹的肌肉、韧带的伸展度、弹性等。这些对大学生运动员掌握技术动作、提高技术技能十分有利。特别是在比赛中,处理一些高难度的球,需要拥有良好的柔韧素质。因此高校足球柔韧素质训练是必须重视的训练内容。

2. 一般柔韧素质训练的方法手段

(1)做弓步、踢腿、仆步的压腿、下腰练习。
(2)做压肩、转肩、吊肩、拉肩等练习。
(3)腰腹部柔韧性训练方法
(4)后桥练习,逐渐缩小手与脚的距离。
(5)虎伸腰。训练者跪立,手臂前放于地下,胸向下压。要求主动伸臂,挺胸下压。
(6)做踢腿、摆腿、前后左右劈腿、控腿等练习。
(7)在特制不同形状的练习器上练习脚腕不同方位的柔韧性。

3. 专项柔韧素质训练的方法手段

(1)以脚尖、脚内侧、脚外侧进行行走练习。
(2)以膝关节为轴,小腿用力向后、向内、向外踢。
(3)反复练习各种踢球、顶球、抢截球等技术动作。
(4)模仿内、外侧颠球动作,单、双腿连续做内翻、外翻。
(5)模仿内、外扣球动作,单腿连续做内转、外转。
(6)模仿和结合球,进行大幅振摆腿、摆腿、铲球、踢侧身凌空球、倒勾射门等技术动作的练习。

第二节　高校足球心理素质训练

心理素质在足球运动中起着非常重要的作用,甚至决定着足球比赛的胜负,因此高校足球运动训练不能忽视心理素质的训练。训练中,教师要帮助学生增强心理素质,充分发挥心理素质在足球运动中的作用。

一、大学生足球运动员心理能力构成

(一)动机

大学生参与足球运动的动机是其行为的驱动力,是激发、维持或抑制个体行为朝向某一具体目标的心理倾向和心理动力。从心理学来看,行为是动机的结果,动机影响行为的选择和持久度。

动机主要有两种类型:一是外在动机。其表现为为获得奖励(精神或物质)而努力奋斗;为在某些场合中、某些人物面前获得表彰和奖励;展现自我,实现自我价值和追求。二是内在动机。其表现为兴趣、爱好(做自己想做、爱做的事);愿望、追求(自己有能力成为成功的人,能胜任自己热爱的事业或职业);进取精神;良好的情感(不辜负家人、教练对自己期望)。这两方面的动机,在大学生足球运动训练比赛中,都发挥着重要的作用。

大学生足球运动的动机有三个基本特征:一是定向特征,表现为力图达到某一特定目标。二是程度特征,表现为为达到某一既定目标而努力或投入的程度。三是变化特征,表现为动机水平会随时间、环境等内部条件或外部条件的变化而变化。这些基本特征及其表现,在大学生足球运动员心理素质训练中,都可以合理地加以利用,从而能提高心理素质训练的效果。

(二)态度

态度包括感觉、观念和印象等,是个体复杂的心理过程,是决定个体对所处的环境做出选择和反应的重要因素。态度能够决定大学生足球运动员对训练、竞赛的心理目标作出积极性(赞同)或消极性(反对)的反应,并最终决定大学生训练的能动性、训练的效果,或者比赛中的水平发挥与比赛结果。大学生足球运动员在教学与训练中的态度,不仅表现在对足球技战术的学习上,还表现在道德素质上。如果学生没有良好的学习态度和动作,那么无论教师如何尽心,该学生的运动技能都难以有较大的提高。

从心理学的角度来看,态度是个体一定心理目标的反应,具有一定的方向性、强弱性、一贯性和一致性,对于个体而言,态度是后天习得的,可以发生改变。因而高校教学在足球运动教学训练中,要主要培养学生形成正确对待教学、训练、比赛的态度。

(三)自信心

自信心是个体对自我所具备的能力在竞技运动中获得成功的信念和确信程度,它以个人能力为基础,具有一定的主观性,但并不盲目,而是建立在现实和可实现的基础上的一种期望。有心理学家对运动员的人格进行测验时发现,自信是优秀运动员的典型特征。这就表明必须在训练中重点培养运动员的自信心。在高校足球训练中,自信心是学生对自己掌握运动知识和技能的一种现实期望,也是学生通过足球运动获得的不同成功体验的积累,同时还是对将来取得成功的一种特殊向往。

影响大学生足球运动员自信心的主要有内部和外部两个方面的因素。从内部因素看,自信心受个体的思想活动、情绪、参赛前和参赛中身体状况、竞技状态、技战术水平,甚至是饮食、睡眠等情况的影响。外部因素方面,自信心受来自外部的客观因素,如天气、场地、对手、裁判员、观众,甚至同伴或一些偶然突发事件等变化的影响。

足球运动是一项具有较强对抗特点的集体性运动项目,具有多样性、复杂性、变化性强的特征。在训练和比赛过程中,大学生足球运动员要克服超过一般生理和心理的承受力,并经常受到胜与负、成与败,以及环境和社会等情况的刺激,情绪易受波动,良好的心理状态易受干扰。如果学生自信心强,就能在复杂的心理过程中正确评价自己的能力,促进外界刺激的反应过程朝积极的方向发展。

大学生足球运动员的自信心主要是建立在正确的自我评估基础上,因而在足球运动训练中,教师要经常指导学生对自我能力的正确评估是培养自信心的重要途径。在自信心素质训练手段的安排上,教师应合理运用反馈和激励的技巧,使运动员在每次结束训练前都"感觉"到成功,增强其成就感,并培养其自信心。另外,教师在学生大赛前,可以安排一些比赛,使本队正常发挥运动水平,从而增强学生比赛的自信心。另外,在训练中遇到困难,或者在比赛中失利,那么教师就要应用归因原理对实际情况进行正确的分析与评价,帮助学生树立自信心。

(四)意志力

所谓意志力,是指人们为了达到预定的目的,自觉地运用智力和体力同困难作斗争的一种主观能动性活动。意志是一种意识的调节活动,表现为人能节制自己行为的能力。

意志力主要有自觉性、自制性、主动性、果断性、勇敢性、顽强性等特点,这些特点与大学生足球运动训练与竞赛具有重大关系。良好的意志力是大学生足球运动员最重要的品质之一,是学生主观能动性的集中体现,是能为实现既定目标而投入行动的程度的重要影响因素。良好的意志品质能够促使学生和球队爆发出超常的凝聚力和战斗力,做到不畏艰难、英勇顽强、"胜不骄、败不馁"。

高校足球运动训练中,教师应有意识地培养学生运动员围绕某一特定目标克服种种困难和障碍的能力,锻炼和培养其优良的意志品质。需要注意的是,训练和比赛的目标要适宜,不可过高或过低,否则不利于意志力的培养。

(五)注意力

注意力是人的心理活动对对象的指向与集中。在高校足球教学中,学生的注意力主要是指其对学习和训练内容以及比赛的指向与集中。在足球比赛中,运动员在完成技术动作、实施攻守配合时,需要把握全场的局势与变化,并善于洞察对手和同伴的行动意图。这些都与足球运动员的注意力密不可分,因而注意力对足球运动来说非常重要。

在足球运动中,注意力的集中可以分为瞬时集中和持久集中。90分钟的足球比赛,运动员需要自始至终全神贯注地投入比赛,即为注意力持久集中能力;而在比赛的关键时刻,如射门、过人、拼抢的瞬间,运动员必须高度关注,即为注意力的瞬时集中能力。

在足球运动中,运动员的注意力有这些特点:一是稳定性,这是运动员完成技战术行为的生理基础,以及运动员把注意力始终集中于比赛的进程中克服干扰、赢得比赛的心理基础。二是可转移性,在足球比赛中,场上形势变化多端,运动员需要结合实际及时将注意力转移到下一个技战术行为中去。三是可分配性,足球运动比赛中,运动员要具备边快速运球、边观察场上情况和对手及同伴动向的能力;边盯人、边密切观察赛场形势和球的动向的能力。这些都需要适当分配注意力。四是注意力范围,足球场地大、赛情变化快,运动员必须扩大注意力,结合实际及时采取有效的技战术行为。由此可见,注意力在足球运动中能够广泛地得到体现,所以高校足球运动心理素质训练中,加强对学生注意力的训练是非常重要的。

培养与提高大学生足球运动员的注意力,可以从这几个方面入手:首先,学生要学会观察,一方面要将注意力逐渐从球上转移到球场上,另一方面应该从狭窄的观察面扩展到较宽广的观察面。其次在形势较复杂的赛场上,教师要对学生注意力的分配进行有意识引导。最后,在赛前的复杂心境中,学生应该用正确的方法转移注意力,调节赛前的过度兴奋情绪。教师也可以集中淡漠学生比赛的注意力,以提高其自我控制能力。

二、心理素质的训练方法

（一）集中注意力训练

大学生足球运动员约束、强制自己全神贯注于一个明确的目标,不因杂念分散注意力,是集中注意力训练的最主要目的。注意力集中的能力主要由意愿的强度、意愿的延续性、注意力的集中强度和集中的延续四个方面组成。培养集中注意力能力的方法如下。

（1）可以采取意守某一点的气功练习,或者采用视觉、听觉守点的练习。

（2）在足球运动训练的心理过程中,将感觉专注于某一点,并达到忘我的情境,训练比赛中专注的能力。

（3）集中注意力听教师技战术要领,观看技战术后进行复述练习,养成训练中集中注意力的良好习惯。

（4）教师用提示语、警示语培养队员集中注意力的习惯。

（5）日常训练中,教师要注意帮助学生排除各种心理干扰因素的影响,避免练习中的情绪波动。

（二）自我暗示训练

大学生足球运动员心理自我暗示训练,主要目的在于通过有效的自我暗示、自我诱导、自我放松来增强心理素质,适应运动训练与比赛。自我暗示训练,要依靠意念与语言对自己的行动进行控制和约束,从而来调整情绪,排除不安、焦虑和烦恼等不良心理影响,最终达到坚定信念,增强意志力的目的。

（三）放松练习

通过意念和呼吸,使全身肌肉得到充分放松的训练方法便是放松练习,这是高校足球心理素质训练中常用的方法。放松练习"外松内静",有助于大学生足球运动员的肌肉获得充分放松,平静心绪、降低大脑皮层的兴奋度,克服紧张或烦躁不安的情绪。

(四)念动训练

念动训练又称动作表象训练,是运动员有意识、有次序地在脑中重复再现原已成形的运动动作表象。高校足球运动心理素质训练中,大学生运动员在比赛前进行技术或战术配合中的表象体验,可对运动器官的动员起到有效的促进作用,从而较好地完成技术动作与战术行动。

(五)心理反馈训练

心理反馈训练指通过专门的仪器,以声光信号来识别自己生理功能变化的状态,并将这种状态与自身的感知觉联系起来。并通过训练逐步学会根据反馈信息调整自身机能能力,以充分动员与发挥机体能力的状态。尤其通过调节植物性神经系统的功能、内脏功能、心率、肌电和血压等,从而改善情绪状态。这种训练方法是大学生运动员心理素质训练中常用的方法之一。

(六)模拟训练

模拟训练指尽可能将训练安排与面临的比赛条件相似的一种实战心理训练方法。在大学生足球运动心理素质训练中,模拟训练有助于学生在不同的比赛条件下适应比赛环境,使其临场达到良好的竞技水平。

第七章 高校足球教学与训练的卫生保健

进行科学有序的足球运动,必要的卫生保健知识是一定要掌握的。卫生保健知识能让大学生们认识运动性疲劳和运动性伤病的产生原因,从而有效地预防和处理运动性伤病,延缓和消除运动性疲劳。并通过了解运动中营养的消耗,科学合理补充营养,为足球运动技战术的学习和提高奠定良好的身体健康基础。

第一节 运动性疲劳的判断与消除

运动性疲劳是指运动持续一段时间后,机体不能维持原强度工作,经过适当时间休息和调整可以恢复的正常生理现象。运动性疲劳的出现既是机体对承受强大运动负荷的一种保护性反应,也是进一步促进机体对运动训练产生良好适应,从而提高运动能力的有效刺激。

一、运动性疲劳的产生原因

机体产生运动性疲劳与人体多方面的因素及生理变化有关,它是一个综合复杂的过程。运动性疲劳产生的直接原因主要有以下几个方面。

(一)体内能源消耗过多

经研究发现,人体从事运动导致疲劳时体内能源物质往往消耗较多。如在短时间运动时,体内主要靠ATP-CP非乳酸供能系统,因此,短时间大强度的运动会导致ATP-CP等高能磷酸物含量的下降,致使机体产生疲劳;在中等强度、长时间运动过程中,主要靠糖的有氧氧化供能,长时间运动会使体内糖类物质大量消耗,血糖浓度下降。脑细胞对血糖浓度的变化十分敏感,血糖含量下降,直接影响脑细胞的能量供应,造成大脑皮层工作能力下降,身体疲劳。

（二）身体素质和运动能力下降

运动能力和身体素质的降低会导致机体的疲劳。人体的运动能力和身体素质与身体各器官、系统功能紧密相关。身体素质就是人体在肌肉活动过程中各器官、系统的功能的反应。当各器官功能下降时，运动能力和身体素质就会受到很大的影响。如在耐力性运动中心肺功能下降，承受耐力负荷的能力当然会降低，机体就会产生疲劳从而降低工作能力。

（三）精神意志素质降低

运动中人体各个器官和系统的活动都是通过神经系统支配的，神经系统功能的降低，神经细胞抑制过程的加强都会使疲劳加深。当人的情绪意志处于消极状态时，抑制了人体功能潜力的充分动员，其实人体在感到疲劳时，机体往往尚有很大功能潜力，能源物质远未耗尽，良好的情绪意志因素可起到动员机体潜力，延缓疲劳发生的作用。

当机体出现疲劳症状时，要及时休息，并适当调整运动内容，避免过度疲劳。

二、运动性疲劳的发生部位

根据运动性疲劳发生的部位可分为中枢疲劳、外周疲劳、内脏疲劳三大类。

（一）中枢疲劳

脑是人体的司令部，中枢神经系统在参与人体的各项活动中都起着主导作用。中枢神经系统是机体产生兴奋、发放冲动及调节肌肉收缩的机能系统，中枢神经系统机能障碍会使整体机能下降。疲劳发生在中枢的可能部位为脑细胞和脊髓运动神经元。

（二）外周疲劳

外周通常指运动的执行器官，即周围神经和肌肉。即运动神经以下部位所产生的疲劳，即主要表现为肌力下降、肌肉疲劳等。

（三）内脏疲劳

内脏及调节机能是指支持运动器官的内脏各实质器官及系统、植物性神经以及各内分泌腺。因此，内脏及调节机能疲劳包括植物性功能的器官及系统的疲劳和植物性神经系统以及内分泌和神经—体液系统的疲劳。

三、运动性疲劳的判断方法

判断运动性疲劳的出现及其程度,对科学地锻炼身体,增强体质和合理地安排体育教学、运动训练及提高运动成绩都有着重要的意义。由于运动性疲劳产生的原因是复杂的,受多方面因素的影响,所以判断和评定运动性疲劳的方法很多,判定的方法主要采用以下几种。

（一）主观感觉判定

在运动时来自肌肉疼痛、呼吸、心血管等各方面的刺激,都会传到大脑,而引起大脑感觉系统的应激。由此可以得出,大学生在进行足球运动时的自我体力感觉,也是判断疲劳的重要标志。如疲劳时出现疲乏、心悸、头晕、恶心、面色苍白、眼神无光、呼吸表浅、反应迟钝、注意力不集中、运动能力下降等现象,这就可以判断机体出现了一定的疲劳,及时休息或者调整运动方案。

（二）生理学判定

生理学判定主要包括血压、脉搏、每搏输出量、每分输出量、心电图、最大摄氧量、肺活量、呼吸肌力等方面的判定,可以通过血压与脉搏的变化所出现的紧张性不全反应,一般可预示运动员功能不良,或出现早期过度训练征象；通过肌电图的参数(如积分肌电图、振幅等)测量等长收缩中肌肉的张力以及疲劳程度；通过脑电图、脑血流图可以反映运动员疲劳时大脑局部缺氧缺血情况；通过测定膈肌肌电图及肺肌耗氧量、呼吸肌力、膈肌压力时间指数等,可以反映呼吸肌疲劳和膈肌疲劳的程度。

（三）肌力测定

肌力主要包括背肌力与握力、呼吸肌耐力。其测定方法也有一定的区别。

1. 测定背肌力与握力的方法

可早晚各测一次,求出其数值差。如次日晨已恢复,可判断为正常肌肉疲劳。

2. 测定呼吸肌耐力的方法

可连续测 5 次肺活量,每次测定间隔 30 秒,疲劳时肺活量逐次下降。

(四)化验检测测定

化验检查主要是通过疲劳时的血液化验和尿液化验两个方面测定。

1. 血液化验

疲劳时血液化验表现为,血红蛋白有下降趋势或处于较低水平。安静血乳酸值超过正常值范围,运动时的最大乳酸值和乳酸阈值下降。晨安静血尿素值持续升高。血睾酮/皮质醇下降。血清肌酸激酶早晨安静值持续高于 200 国际单位/升,或完成定量负荷时的值明显升高,或运动后比原来负荷后的值突增 3~4 倍,IgG、IgM、IgA 明显下降。

2. 尿液化验

疲劳时尿液化验表现为,晨尿蛋白值增高。大运动量训练后,晨尿胆原增高。完成定量负荷后尿潜血出现阳性或连续在晨安静时为阳性。

四、运动性疲劳的消除方法

为了恢复由于运动所导致的各器官系统的机能,以及消除运动中所产生的代谢产物,不至于让身体疲劳积累而造成过度疲劳,常采用的运动性疲劳消除的方法有以下几种。

(一)整理活动

整理活动是指在正式练习后所做的一些加速机体功能恢复的较轻松的身体练习,是消除疲劳、促进体力恢复的有效措施。运动后做整理活动,可让心血管系统、呼吸系统仍保持在较高水平,有利于偿还运动时所欠的氧债和使生理机能水平逐渐平缓及逐渐下降到一定的水平上。

整理活动包括慢跑、呼吸体操及各肌群的伸展练习。尤其是运动后做伸展练习,可消除肌肉痉挛。改善肌肉血液循环,减轻肌肉酸胀和僵硬程度,消除局部疲劳。

总体而言,整理活动具有及时放松肌肉,避免由于局部循环障碍而影响代谢过程,因而延长恢复过程的重要作用。但是,为了能够保证理想的恢复效果,在做整理活动时需要注意,尽可能的使身体处于缓和、放松的状态下,直到逐渐恢复到安静状态为止。

(二)积极性休息

积极性休息是指用变换活动部位和调整运动强度的方式来消除疲劳的方法。有关研究证明,与安静休息相比较,积极性休息可使乳酸的消除快1倍。积极性休息是运动性疲劳恢复的重要措施之一,运用也较为广泛,其恢复效果也较为理想。

积极性休息的方法和内容很多,如在公园、湖滨或海边散步,听音乐,钓鱼,下棋,参观游览,参加一些娱乐活动等。可根据条件和个人爱好来选择和安排。

(三)睡眠疗法

睡眠是最好的消除运动性疲劳,恢复机能的治疗方法。睡眠时大脑皮层的兴奋过程降低,体内分解代谢处于最低水平,而合成代谢过程则相对较高,有利于体内能量的蓄积。因此,每天应保证充足的睡眠时间。通过睡眠使精神和体力得到恢复,通常情况下,成年人每天需要睡眠7~9小时。大学生在参加大运动量的足球训练和比赛期间,睡眠时间应适当延长,如果条件允许也应安排一定时间的午睡(0.5~2小时)。

(四)营养疗法

运动时所消耗的物质要靠饮食中的营养物质来补充,运动训练和比赛后,合理营养有助于体力恢复和运动性疲劳的消除。因此,运动后应根据运动项目的特点补充足够的蛋白质、维生素C、维生素B_1、维生素B_2、维生素B_6、维生素E、无机盐、钠、铁、磷和水等。具体的营养补充方法将在第三节进行详细的描述。

(五)按摩疗法

按摩又称推拿,通过手法作用于人体的皮肤表面、肌肉、穴位,以调整人体的生理、病理状态,从而起到治病和保健的作用。按摩是消除运动性疲劳的重要手段。

按摩能够疏通经络,使气血周流,保持机体的阴阳平衡;其次,按摩能够使肌肉放松,关节灵活;还能够使人精神振奋,消除疲劳。推拿按摩经济简便,不需要特殊医疗设备,也不受时间、地点和气候等条件的限制,随时随地都可实施,而且平稳可靠,易学易用,无任何副作用。正由于有这些优点,所以按摩一直是受到大众欢迎的消除疲劳的好方法。

按摩有人工按摩、水力按摩、机械按摩和气压按摩四种,其中人工手法按摩运用最常见,有着良好的效果。可根据运动员承受运动负荷部位,进行局部或全身手法按摩。对放松肌肉、消除肌肉酸痛和恢复体力也有较好作用。

(六)心理恢复法

运动性疲劳在人体中除了有躯体性疲劳外,还有心理性疲劳。心理恢复法是指应用心理学的理论、原则和技术,对康复对象的各种心理、精神、情绪和行为障碍或严重的情绪困扰进行矫治的特殊治疗手段。运动性疲劳后采用自我暗示、心理调整、放松训练和气功等心理恢复手段,能调节大脑皮层的机能,减轻紧张情绪,放松肌肉等,对消除运动性疲劳有良好效果。

第二节 运动性伤病的预防与处理

一、运动性损伤的预防与处理

据有关统计调查,足球是损伤发生率最高的运动之一,也是急性损伤发生率最高的项目。因此,为了保障大学生拥有良好的身体状态学习足球技战术,我们将论述常见足球运动损伤的预防与处理方法。

(一)足球运动性损伤的特点

足球运动是使用下肢运动的特殊运动项目(除守门员外),故足球运动性损伤多集中在下肢。其中轻者为皮肤擦伤,重者为骨折、关节脱位及内脏破裂。其中,急性损伤除一般的擦伤和挫伤外,最为常见的是踝关节扭伤,其次是大腿前后肌肉拉伤、挫伤,接下来的是膝关节的损伤。随着足球运动的不断发展,膝关节联合损伤(内侧副韧带、半月板及交叉韧带同时损伤)的发生率有上升的趋势。

(二)运动性损伤的产生原因

根据对足球运动中的急性、慢性损伤的分析,产生损伤的原因主要有以下几种。

1. 激烈比赛致伤

比赛时紧张地争夺、疾跑与铲球,易发生大腿与小腿的肌肉拉伤与跟腱断裂。突然改变体位,小腿的突然扭转、内收或外展,可引起膝、踝关节的韧带及骨的损伤。

2. 因球的间接作用致伤

足球运动中由于球的间接作用导致的损伤多见于下肢。例如,用脚外侧踢球,就容易损伤距腓前韧带,这是最常见的踝关节损伤。用足内侧前脚踢球,由于膝关节屈曲,小腿突然因球的作用而外旋外展,就很容易损伤膝的内侧副韧带、半月板及前交叉韧带。特别是与对方运动员"对脚"时更容易发生。

3. 球击伤

由于球的剧烈冲击触碰身体部位所造成的如面部的擦伤、挫伤、腹部挫伤(肝脾破裂、胃肠道挫伤)、阴囊及睾丸挫伤等称之为球击伤。但最典型而常见的损伤是守门员的手指损伤,如拇指、示指或其他手指的韧带牵扯与关节脱位。

4. 踢伤

比赛时大小腿部常常被对方球靴、膝及小腿踢撞,引起肌肉挫伤、皮下血肿、肌肉断裂(最常见的是股四头肌的损伤)以及骨的损伤(如胫骨骨折或胫骨损伤性骨膜炎)等。

5. 摔倒

在运动员争球、冲撞或疾跑时很易摔倒,因此,发生损伤机会多,场地不平也是易发生此类损伤的重要原因之一。常见的如擦伤、损伤性滑囊炎(膝及肘)、髌骨骨折、脊柱骨折、脑出血、脑震荡等。在塑料草坪上摔倒还会产生热烧伤。

从上述可以看出,在参加足球运动时,除了要加强身体全面训练及遵守训练原则外,必须注意使用各种保护装置,如用弹力绷带包扎踝关节等。此外为预防肘、膝、小腿挫裂伤,护肘、护膝及护腿的使用也是很有必要的。

(三)运动性损伤的预防与处理方法

大学生足球运动性损伤的预防与处理非常重要,处理得当可以大大减少损伤几率,加快损伤的好转和愈合,较快地恢复健康。若损伤处理不当,轻者会加重伤情,发生感染,延长治愈时间;重者则可能留下残疾。因此,掌握一些运动性损伤的预防和治疗急救措施就显得非常必要。

1. 擦伤

因运动时皮肤受挫致伤。擦伤是肌体表面与粗糙的物体相互摩擦而引起的皮肤表层的损害。表现为表皮剥脱,擦伤后皮肤出血或组织液渗出。

(1)预防措施

擦伤是急性损伤中最为常见的,要预防**擦伤**首先要做好防护措施,如佩戴护膝,护腕等,要具有较强的防护意识。

(2)处理方法

一般较轻、较小面积擦伤,可以用生理盐水或其他药水冲洗伤部,涂抹红药水或紫药水,不需包扎;大面积擦伤,先用生理盐水洗净,后涂抹红药水,再用消毒布覆盖,最后用纱布包扎。一周左右就可痊愈。

面部擦伤宜涂抹 0.1% 新洁尔灭溶液。一般较大的伤口易受污染,需用碘酒或酒精在伤口周围消毒,如果创面中嵌入炭渣、沙粒、碎石等,应用生理盐水棉球轻轻刷洗,消除异物,消毒后撒上云南白药或纯三七粉,盖上凡士林纱布,适当包扎。若不发生感染,两周左右即可痊愈。关节周围的擦伤,在清洗、消毒后,最好用磺胺软膏或青霉素软膏等涂敷,否则会影响到活动,并容易重复破损。

2. 挫伤

挫伤是指在钝重器械打击或外力直接作用下使皮下组织、肌肉、韧带或其他组织受伤,而伤部皮肤往往完整无损或只有轻微破损。当发生挫伤后,症状表现为疼痛、肿胀、皮下出血和功能障碍等。单纯挫伤在损伤处出现红肿,皮下出血,并有疼痛感。内脏器官损伤时,则出现头晕、心慌气短、脸色苍白、出虚汗、四肢发凉、烦躁不安,甚至休克。

(1)预防措施

在参加足球运动训练和比赛时,应加强必要的保护措施,提高自我保护能力,穿戴好保护装置,改正错误动作,遵守竞赛规则,禁止粗野动作。

(2)处理方法

受伤后应立即进行局部冷敷,外敷新伤药,适当加压包扎,并抬高患肢,以减少出血和肿胀。股四头肌和小腿后群肌肉的严重挫伤多伴有部分肌纤维的损伤或断裂,组织内出血形成血肿,此时应将肢体包扎固定后,立即送医院医治。头部、躯干部的严重挫伤可能会伴有休克症状,应仔细观察呼吸、脉搏等情况,休克时应首先进行抗休克处理,使伤员平卧休息、止痛、止血、保温,疼痛剧烈者,可给肌肉注射杜冷丁,如果怀疑内脏损伤,则在作临时性处理后,送医院检查和治疗。

3. 肌肉拉伤

肌肉拉伤是肌肉受到强烈牵拉所造成的肌肉微细损伤、部分撕裂或完全断裂,称为拉伤。肌肉拉伤后症状表现为局部疼痛、压痛、痉挛、肿胀、肌肉发硬、功能障碍等。

(1)预防措施

在参加大强度的足球运动训练前要做好准备活动,尤其是易拉伤部位的准备活动;体质较弱的大学生练习时要量力而行,防治过度疲劳和负荷太重;要提高动作技能的协调性,不要用力过猛;改善锻炼条件,注意练习场所的温度。冬季在野外锻炼时要注意保暖,不可穿得太薄;要注意观察肌肉的反应,如肌肉的硬度、韧性、弹力、疲劳程度等。肌肉拉伤后重新参加锻炼时要循序渐进,切勿操之过急,还要加强局部保护,防止再度拉伤。

(2)处理方法

肌肉拉伤的治疗要根据具体情况而定。少量肌纤维断裂者,应立即给予冷敷,局部加压包扎,并抬高患肢,外敷中草药。肌肉大部分或完全断裂者,在加压包扎后应立即去医院进行手术缝合。

4. 撕裂伤

撕裂伤是指受物体打击而引起的皮肤和皮下组织出现规则或不规则的裂口,有不同程度的出血和污染。在剧烈、紧张的足球比赛或训练时,受到足球或其他物体的突然强烈撞击时,易造成肌肉撕裂。其中包括开放伤和闭合伤两种。当发生撕裂伤时,主要表现为开放伤顿时出血,周围肿胀。闭合伤触及时有凹陷感和剧烈疼痛。

(1)预防措施

加强保护措施,增强保护能力,如佩戴运动防护装备护膝、护腕等,增强自我保护意识。

(2)处理方法

轻度开放伤,用红药水涂抹伤口即可。轻者可先用碘酒或酒精消毒,然后用云南白药或其他药物和方法止血,再用消毒纱布覆盖,并适当加压包扎。如果不能制止出血,应尽可能在靠近伤口处缚以止血带,立即送医院治疗。伤口较深、较大、污染较严重时,应及时送医院进行清创缝合手术,并口服或注射抗菌素药物预防感染,并按常规注射破伤风抗霉素。

5. 踝关节扭伤

踝关节扭伤是足球运动中常见的一种关节韧带损伤。常因跳起后落地姿势不正确,或落地时地面不平而导致踝关节内翻或者外翻。出现踝关节损伤时,患者出现伤处疼痛、肿胀,韧带损伤处有明显压痛和皮下淤血。

(1)预防措施

强化踝周和跨踝肌肉、韧带的力量训练,进行踝外旋、足外展外翻、踱伸的抗阻专门练习,在训练和比赛前,认真进行各3~5分钟的足内翻(足内收内翻、踝内旋)和足外翻(踝外旋、足外展外翻)的静力性牵拉练习。

(2)处理方法

发生踝关节扭伤后应立即用冷水冲洗或冷敷(放上清洁的凉毛巾或冰块),用绷带固定包扎,并抬高患肢。24小时内不得按摩、热敷等。24小时后根据伤情进行外敷药、理疗、按摩等治疗。

6. 指间关节扭伤

指关节扭伤是由于手指受到侧向的外力冲击或手指受到暴力作用使关节过伸所致,如在足球运动中守门员出现这种损伤的几率较多。当发生急性损伤时,会有剧痛感,关节周围红肿,运动功能发生障碍,局部压痛。若一侧韧带断裂,则出现轻度侧弯畸形和异常的侧向运动。关节脱位时,伤指向背侧屈折成畸形。X光拍片检查,有时可见指骨基底部的撕脱性骨片。

(1)预防措施

首先要加强指关节部位的训练,尤其是在进行运动前的准备活动中,要进行强化指关节的柔韧和协调性练习,并要加强保护措施。

(2)处理方法

急性扭伤后应立即冷敷,然后局部外敷新伤药并固定,若指间关节韧带断裂,应将伤指屈曲位固定3周。有时也可用粘膏支持带将伤指与患侧邻近的健指作环形的固定,但拇指、小指尺侧和食指桡侧韧带断裂时必须用夹板固定。如果指间关节韧带断裂后侧向运动比较明显或撕脱骨片嵌入关节时,应手术治疗。

7. 膝关节损伤

在足球运动中,膝关节的急性运动性损伤非常常见。若处理不当将导致膝关节不稳定,影响运动训练甚至继发其他组织损伤或损伤性关节炎发生。常见的膝关节损伤有以下几种。

(1)膝关节韧带损伤预防措施

除采用一般常规预防措施外,应注意以下几点。

①改进后转身技术动作。对于技术水平不是很高的大学生,克服后转身技术动作中的"拖脚"现象,是预防内侧副韧带损伤的关键环节之一。严格要求队员在完成后转身动作时,作为中枢脚的跟部应微离地面,脚的受力点一定要落在前脚掌,切忌出现"拖脚"动作,这样可有效地化解膝关节处的扭转力,避免膝外翻受伤机制的形成。

②强化准备活动中的静力性牵拉练习。在进行其他动力性练习的基础上,预防内侧副韧带损伤可采用膝外翻静力牵拉练习(脚尖向外,分腿,膝内扣,半蹲位)3～5分钟,预防外侧副韧带损伤可借用"盘腿"练习。

③对于有过伤病史的大学生,一方面在做准备活动时不可重复(或过度用力)受伤机制动作;另一方面在训练和比赛前,还应使用弹力绷带在膝部做8字形加固包扎,并在鞋跟(或鞋垫)内适当楔形垫高,以有效防止膝关节再度受伤。

(2)膝关节胫侧副韧带损伤

当出现膝关节胫侧副韧带损伤时主要表现为,膝内侧部突然出现剧烈疼痛,关节强迫于屈曲位,腘绳肌产生保护性痉挛,拒绝任何活动,勉强用足尖行走。轻中度韧带损伤,如不损伤关节内结构,一般不引起膝关节肿胀,经过简单固定可继续参加比赛;严重的内侧副韧带损伤,内侧副韧带深层损伤,特别是合并有半月板损伤、交叉韧带损伤或关节骨折,膝关节可出现关节肿胀,积血,功能障碍更加明显。

损伤早期主要防止损伤加重、固定、止痛。局部立即给予氯乙烷麻醉、降温或冷敷,松软敷料及弹性绷带加压包扎止血固定,抬高患肢,减轻肿胀。3天后局部热敷或应用中药外敷,并进行股四头肌训练。3周内局部支持带或支具辅助下扶拐杖行走。6周后去除支具或拐杖膝关节屈伸活动,渐进性抗阻锻炼。3个月后恢复日常活动。如患膝疼痛、肿胀明显,外翻应力试验阳性,X线片有骨折,原则上需手术修复。手术修复断裂的韧带止点或缝合撕裂的内侧副韧带,术后康复训练。合并内侧半月板及前交叉韧带损伤者,也需手术修复。

(3)膝关节内侧副韧带损伤

当出现膝关节内侧副韧带损伤时,会出现膝关节肿胀、疼痛,扭伤部位有压痛,周围肌肉痉挛,活动受限,膝关节不敢用力伸展,轻度跛行。若膝侧韧带完全断裂时,伤部可触及韧带断裂的凹陷,功能完全丧失。半月板受伤时,膝内常伴有清脆的响声。

轻度损伤,局部外敷伤药,内服消肿止痛药。肿痛减轻后,再进行按摩、理疗、针灸。部分韧带撕裂者,早期局部冷敷,加压包扎,抬高患肢,固定膝部,内服止痛药;48小时后可进行按摩、理疗、外敷或内服中药。韧带完全断裂者,一旦确诊,应尽早手术缝合。手术后要积极进行功能性锻炼,促使早日康复。

(4)膝关节外侧副韧带损伤

当膝关节外侧副韧带损伤时,会出现膝关节外侧部局限性疼痛、肿胀。如未损伤至关节囊、半月板、交叉韧带,一般不出现关节积液。关节外方的压痛点对判断韧带损伤部位有意义。如若存在联合结构损伤(关节囊、交叉韧带及外侧肌肉),膝关节内翻异常活动增大,抽屉试验阳性,甚至出现膝关节后外侧不稳定。合并腓总神经损伤可出现足下垂。

单纯外侧副韧带部分损伤可保守治疗。包括支持带、石膏或支具制动3～6周,股四头肌等长收缩,下肢功能康复训练。外侧副韧带完全性损伤及联合损伤均需手术修复。早期全面修复外侧副韧带或联合结构可取得满意的治疗效果,合并腓总神经损伤也需要同时修复。

8. 半月板损伤

半月板处于股骨髁和胫骨平台之间,是膝关节重要的静力性稳定装置之一。当出现半月板损伤时,患者会出现膝关节疼痛,出现肿胀,关节功能障碍。疼痛常在外伤当时出现,位于关节的一侧,位置较固定,常在膝关节的某一角度发生,活动后加重,休息减轻。急性期过去后,关节活动时膝关节疼痛同时发出"咔哒"声音,或单独出现弹响声音,部分患者伴有膝关节伸直或屈曲受限。

(1)预防措施

预防与膝关节韧带损伤的预防措施相似。同时要加强自我安全防范意识。

(2)处理方法

受伤当时给予加压包扎与抬高患肢,具有止血与缓解症状作用;冷敷在受伤当时立即进行,具有止血、消肿和组织麻醉作用;关节穿刺抽液适用于关节肿胀严重患者;利用红外线、磁疗仪等理疗方法促进肿胀消退和淤血吸收;石膏或支具固定具有止痛和利于组织撕裂修复作用;抗炎止痛治疗缓解症状,为康复训练创造条件;功能锻炼在疼痛得到控制的情况下进行,早期可进行股四头肌等长训练,主动锻炼在疼痛能忍受时进行。保守治疗6周,如果症状消失,股四头肌能达到正常侧的80%～90%,可开始正常活动。如仍有明显的半月板损伤症状,应手术治疗。手术治疗半月板损伤的方式有半月板缝合术、半月板切除术、异体半月板移植术。

9. 跟腱断裂

跟腱大多是由于激烈训练、比赛时强烈急停、变向、跟腱韧带劳累过度非常容易导致跟腱损伤甚至断裂,是一种非常严重的运动性损伤。出现跟腱断裂时,患者出现跟腱断裂足部表面无异常现象但有剧烈撕裂疼痛感,并丧失足部活动能力。

(1)预防措施

首先,除了采用一般损伤预防措施外,应高度重视和积极治疗跟腱腱围炎,避免盲目地经常使用封闭治疗。其次,加强踝跖屈、伸肌群的专门力量训练,如负重起踵、踝背伸抗阻练习等。同时,也应该避免"单打一"的强度负荷过大、过分集中的踝关节背伸位发力练习。再次,训练和比赛前应进行跟腱静力性牵拉练习3~5分钟。最后,在大运动量训练后,练习者应经常进行踝跟部和小腿三头肌、腱的自我或相互放松按摩。

(2)处理方法

发生跟腱损伤,应快速用冷水、冰块冷敷,固定踝关节,抬高患肢,及时送医院处理。

10. 骨折

运动时发生骨折的原因是身体某部因受到直接或间接的暴力或肌肉强烈收缩。常见的骨折部位有肱骨、尺(桡)骨、胫(腓)骨、手指、小腿、肋骨等。闭合性骨折即骨折处皮肤完整,骨折端不与外界相通;开放性骨折,即骨折端穿破皮肤,直接与外界相通,这种骨折容易感染,发生骨髓炎与败血症。当发生骨折损伤时,伴随有剧痛感。

(1)预防措施

在剧烈运动中,应尽量减少冲撞性的动作,尤其是作用时间短、强度大的动作。进行体操动作练习时腕部舟状骨折容易发生。总之,避免剧烈运动中的碰撞,骨折的发生率将大大降低。

(2)处理方法

骨折发生后要立即停止伤肢的活动,并进行急救。如果病人有休克的症状,要平躺休息,喝些热茶水,然后进行包扎。固定包扎时,动作要轻巧、缓慢,不要乱拉乱拖,以免造成严重的错位,影响整复。伤肢固定后要注意保暖,检查固定是否牢靠。四肢固定时要观察肢端是否麻木、疼痛、发冷、苍白或青紫,如出现这些情况则说明包扎过紧,必须放松一些。包扎固定后,应去医院接受进一步的治疗。

11. 脑震荡

脑震荡是指头部受到外力打击或撞击后,使大脑管理平衡的膜半规管、椭圆囊、球囊等感受器功能失调,引起大脑暂时的意识和功能障碍。比如在足球运动中用头顶球或两人头部相撞都可能造成脑震荡。当出现脑震荡时,患者出现神志昏迷、脉搏徐缓、肌肉松弛、瞳孔稍大、神经反射减弱或消失等症状;清醒后,患者常有头痛、头晕、恶心、呕吐感,表现得情绪烦躁、注意力不易集中、耳鸣、失眠、记忆力减退等症状。

(1)预防措施

守门员要佩戴头部的护具,在平时训练时,可适当增加头部训练,增强抗撞击能力,并增强防范意识。

(2)处理方法

伤后立即让患者平卧,头部冷敷。若有昏迷,即指压人中、内关、合谷穴;若呼吸发生障碍,则立即进行人工呼吸。上述处理后,如出现反复昏迷或耳鼻口出血,两瞳孔放大且不对称时,表明病情严重,应立即护送医院治疗。在运送途中,要让患者平卧,头部固定,谨防颠簸。

脑震荡一般都可自愈,无需住院,但要注意休息和必要的药物治疗,保持情绪稳定,减少脑力劳动。

在恢复过程中,可定期或不定期地做脑震荡痊愈试验,以检查康复状况。可采用闭目,单腿站立,两臂平举的方法检测,如果能保持平衡,表明脑震荡已基本治愈。这时,可适当参加足球训练,但要避免滚翻和旋转性动作,以防复发。

二、运动性疾病的预防与治疗

(一)运动性疾病的产生原因

运动性疾病一般是指机体因对运动不适应,造成体内调节平衡的功能紊乱而出现的一类疾病、综合征或功能异常。在足球运动中,一般身体素质较差、训练水平较低以及缺乏比赛经验的大学生会比较容易在运动过程中引发运动性疾病。运动性疾病引发的原因有很多,如运动过量、运动方法不当、过度训练、身体疲劳、休息不好、情绪欠佳、食欲不振以及原有疾病诱发等。运动性疾病必须得到及时的防治,否则就会影响身体健康水平、正常的学习和生活,严重时还会致残致死,因此必须引起重视。

（二）运动性疾病的预防与治疗

1. 过度紧张

过度紧张是指在参加足球运动时，运动负荷超出了机体所能承受的能力而引起的病理状态。多在训练或比赛后立即或较短时间内发病。

（1）症状表现

当出现过度紧张时，通常表现头晕、眼前发黑、面色苍白、全身无力、站立不稳；有恶心呕吐，脉搏快速细弱，血压明显下降的现象。严重者会出现嘴唇青紫，呼吸困难，右季肋部疼痛，肝脏肿大，心前区痛，心脏扩大等急性心功能不全等症状。

（2）预防措施

运动前做好全面的体格检查，还要询问病史、家族史等。在训练方面要坚持科学训练，运动量和运动强度要循序渐进；运动水平较低、身体素质较差的大学生，要注意控制运动强度，及时调整心理状态，消除紧张情绪。饭后休息2~3小时后再进行运动。对于个别的患有风湿性心脏病、病毒性心肌炎、肥厚性心脏病、冠状动脉先天发育畸形等疾病的学生，应加强医务监督。对运动者加强训练时的医学观察，时刻观察他们在训练场上的反应并及时调整运动量。

（3）处理方法

轻度的过度紧张，应使患者安静平卧，注意保暖，经短时间休息后，症状即可消失。有脑缺血时，应将患者平卧休息，头稍低，同时注意保暖，给以热糖水或镇静剂。对于严重的心功能不全的患者，应保持安静，平卧，指掐"内关"和"足三里穴"。如果昏迷，可指掐"人中穴"。对于呼吸或心跳停止者，应做人工呼吸或胸外心脏挤压术，并迅速请医生处理。

2. 过度训练

过度训练是指运动员由于疲劳的连续积累而导致机体出现功能紊乱或病理状态。根据运动性疲劳的程度，过度训练可分为短期过度训练（经过1~2周基本可恢复）和过度训练综合症（长期身心状态不佳）。通常是由于持续大强度的足球运动能源物质供应不足、体质差或者患病为康复等原因加上大强度训练所造成的过度训练。

（1）症状表现

过度训练有轻度、中度和重度之分。

轻度：运动能力开始下降，一般表现与神经衰弱较相似，客观检查常无明显异常改变,仅在训练后感到特别疲劳,恢复时间延长。运动员常表现出不愿意参加训练、睡眠不好、食欲减退、头晕、无力、记忆力减退、心情烦躁、易激动等。

中度:运动能力下降,动作不协调,主诉症状加重,全身乏力,经常头痛,有失眠或胸闷现象,体重持续下降,情绪急躁,无训练欲望,运动时易出汗,并很快出现疲劳等。

重度:运动能力显著下降,动作不灵活,判断能力和动作的协调性很差。自觉症状更为严重,全身疲惫无力,情绪低落,表情淡漠,有孤独感或心情烦躁、易激动,并出现不易入眠、早醒多梦或嗜睡等睡眠障碍,以及胸闷、心悸、心前区痛、胃部不适(灼烧感)、腹胀、恶心、腹泻或便秘现象,少数人还有耳鸣、眼球发胀、盗汗等现象。

(2)预防措施

锻炼前进行身体检查,了解身体健康情况、为锻炼方式与运动负荷的选用提供依据。加强医务监督是预防过度训练的重要措施,密切观察运动员训练中的一些特殊信号,例如,身体抵抗力下降,容易患病、感染;无训练的欲望,练习中想退出场地;比赛后感觉体力没有完全恢复;体重下降而没有其他明显原因等。运动前做好准备活动、充足的睡眠、科学的训练计划、保证必需的营养和休息是预防过度训练的基本措施。

(3)处理方法

在出现过度训练时,要暂时停止训练,或者较小运动强度和运动量。保证充足的睡眠和休息时间。适当放松,如通过温水浴、桑拿、按摩、听轻音乐、放松性休闲等消除紧张。补充各种营养物质,包括高能量物质、高糖、蛋白质、维生素及微量元素等。服用各种营养补剂等。

3. 肌肉痉挛

肌肉痉挛即抽筋,是指肌肉发生不自主地强直收缩的一种症状。人体的腓肠肌、足底的屈拇肌和屈趾肌最容易发生痉挛。肌肉痉挛通常是由于大量出汗致使体内电解质失衡,肌肉收缩舒张失调,外部冷刺激等原因导致的。

(1)症状表现

发病急,局部发生不自主肌肉强直收缩,僵硬,疼痛难忍且一时不易缓解,痉挛肌肉所涉及的关节出现运动障碍。

(2)预防措施

运动前做好充分的准备活动,运动中遵循循序渐进的原则。夏季运动时,出汗过多,应注意适当补充淡盐水和维生素。冬季运动时注意保暖,同时加强身体锻炼,提高身体的耐寒能力和耐久力。冬泳前先用冷水淋湿全身以适应冷水刺激。冬泳时间不宜太长,避免在水中停止运动和停留太长时间。多吃含乳酸、氨基酸、维生素 E、钙的食物,如奶制品、瘦肉、虾皮、豆制品等。

(3)处理方法

牵引痉挛的肌肉常可使之缓解。例如,小腿后面群肌痉挛可伸直膝关节,用力将足背伸;足底部屈肌、屈趾肌痉挛,可用力使足和足趾背伸。此外,还可配合局部按摩,采用重推摩、揉捏、叩打、点穴(如委中、承山、涌泉等穴)手法,促使缓解。

4. 运动中腹痛

运动中腹痛是指运动员在运动中因生理和病理原因而发生腹部疼痛的一种疾病,在足球运动中比较常见。通常是由于准备活动不充分,胃肠痉挛,腹直肌痉挛,呼吸紊乱等原因造成的。

(1)症状表现

安静时不痛,运动中或结束时腹痛。一般无其他伴随症状。腹痛的部位常与病变脏器的位置有关:肝胆疾患或郁血,多表现为右上腹痛;脾郁血多表现为左上腹痛肠痉挛、蛔虫病多表现为腹中部痛;胃十二指肠溃疡、胃炎,多表现为中上腹痛;呼吸肌痉挛多表现为季肋部和下胸部锐痛;阑尾炎在右下腹疼痛;宿便多表现为左下腹痛。

(2)预防措施

在参加足球运动前做好准备活动,训练内容和时间安排合理。运动中要注意呼吸节奏,宜进行深呼吸。如运动时发生腹痛,应放慢运动速度,减少运动量,轻轻按揉腹部,待疼痛缓解或消失后再逐步加快速度。在运动前不宜进食、饮水过多。餐后休息一小时后再进行运动。夏季运动要适当补充盐分。加强身体训练,增强心肺机能,提高机体的适应能力。

(3)处理方法

运动中发生腹痛时,一般只要减低速度,加深呼吸,用手按压疼痛部位(或弯着腰跑一段),疼痛即可减轻,以至消失。如疼痛仍不减轻,甚至反而加重,就应停止运动。炎热天气时,口服十滴水或普鲁苯辛(每次 1 片),针刺或用手指点揉内关、足三里、大肠俞等穴位,都能缓解腹痛,可以试用。若为腹直肌痉挛,则可进行局部按摩,如果上述措施不见效,就应请医生处理,以防有腹部外科急症误诊而延误病情。

5. 运动性贫血

贫血是指血液中红细胞计数(RBC)或血红蛋白浓度(Hb)低于正常值的生理现象。因运动引起的这种血红蛋白量的减少,即运动性贫血。导致运动性贫血的的原因主要有两个方面,第一是肌肉对蛋白质和铁的需求量增加,一旦需求量得不到满足时,即可引起运动性贫血。第二是由于运动时,脾脏释放的溶血卵磷脂能使红细胞的脆性增加,加上剧烈运动时血流加速,易引起红细胞破裂,致使红细胞的新生与衰亡之间的平衡遭到破坏,从而导致运动性贫血。

(1)症状表现

运动性贫血按照轻度、中度、重度的不同,症状不同。

轻度运动性贫血:只有在大运动量时才出现某些症状。

中度和重度运动性贫血:头晕、恶心、呕吐、气喘、体力下降、疲倦、训练后感觉明显、眼花、头痛、记忆力下降、食欲下降;皮肤、黏膜、指甲等出现苍白症状;运动中或运动后出现心悸、气促、心跳加快、脸色苍白,女运动员可出现月经紊乱或闭经。体检时,心尖可听到收缩期吹风样杂音;血液检查RBC低于正常值,Hb低于正常值。

(2)预防措施

在参加足球运动前要做好运动前的准备活动和整理运动,防止脚底受到过度冲击,穿质地轻软的运动鞋。另外还要加强医务监督,定期监测体内的血红蛋白和血清铁蛋白。当男运动员血红蛋白低于100克/升、女运动员血红蛋白低于90克/升时,应停止大、中强度的训练,并在医生指导下进行治疗,待血红蛋白值上升后,再逐渐恢复运动强度。

(3)处理方法

适当减少运动负荷,必要时停止训练。一般来说,男运动员的血红蛋白在100~120克/升,女运动员在90~110克/升时,可边治疗边训练,但要减小运动强度,避免耐力性运动;如果男低于100克/升,女低于90克/升时,应停止大中运动负荷训练,以治疗为主。在饮食中供给蛋白质、铁质和维生素较多的食物。服用抗贫血药物,如硫酸亚铁片、血宝、力勃隆等,对治疗贫血有明显效果。同时服用维生素C和胃舒平,这有利于铁质的吸收,并能减少铁质对胃的刺激反应。此外,服用党参、白术、灸甘草、熟地黄、当归、白芍等中药,对治疗贫血,疗效也很好。

6. 运动性血尿

运动性血尿是指健康人在运动后出现的一过性血尿,经临床检查、化验检查以及特殊检查找不到其他原因,属于功能性血尿。产生运动性血尿的原因可能是因为在参加足球运动时,肾脏受到外界撞击导致肾组织和血管微细外伤引起;也可能是肾血管收缩致使肾缺血、或肾静脉压增高红细胞溢出引起。运动者患有肾炎、泌尿系统感染或结石等疾病也是导致血尿的原因之一。

(1)症状表现

全身乏力、头晕、肢体沉重感、尿道有烧灼感、偶感腰部不适;镜下血尿,少数呈肉眼血尿,小便颜色为樱桃红色、或红葡萄酒色、或褐色、或浓茶色;血液化验、肾功能检查、腹部 X 线检查等均属正常。

(2)预防措施

要坚持循序渐进、合理安排运动负荷、运动量、运动强度、动作难度的原则。剧烈运动时适当补水。运动器官负荷量和伤后的体育锻炼应避免足底受力。并加强医务监督,定期体检。

(3)处理方法

通常可适当调整运动量和运动强度,减少跑跳动作,加强医务监督,定期验尿。如果出现肉眼血尿应暂时停止剧烈运动,做相关检查。如有器质性改变,应及时就医。

7. 运动性低血糖

空腹时血糖浓度低于 50 毫克/分升的一种症状即为低血糖。运动性低血糖在足球运动中比较常见。大都是因为长时间剧烈运动后,体内血糖的大量消耗和减少可造成运动性低血糖。或者是运动前饥饿,肝糖元储备不足,不能及时补充血糖的消耗导致运动性低血糖。另外还可能是因为交感神经活动增强和反应性肾上腺素释放过多,及中枢神经功能障碍可致低血糖。

(1)症状表现

轻者倦怠(进食前特别明显),心烦易怒,面色苍白、多汗或冷汗,身冷,体温低,心跳快速,呼吸浅促,眩晕,头痛,视力模糊,迅速或强烈的饥饿感等;重者视物模糊、焦虑、定向障碍(如返身跑)、步态不稳、出现幻觉、狂躁、精神失常,最后意识丧失、昏迷。部分患者诱发脑血管意外、心律失常及心肌梗塞。

(2)预防措施

运动前检测血糖两次,每隔 30 分钟检测 1 次。合理安排运动量,每天的运动时间及运动量基本保持不变。大量运动前适当进食。不空腹参加长时间的剧烈运动。有低血糖症特别是患有糖尿病的人,宜少食多餐。

有平时缺乏锻炼的大学生,或患病未愈及空腹饥饿时,不要参加长时间的足球运动。

(3)处理方法

使病者平卧、保暖。神志清醒者可饮浓糖水或吃少量食品,一般短时间内即可恢复。不能口服者,可静脉注射50%葡萄糖40～100毫升。昏迷不醒者,可针刺人中、百会、涌泉、合谷等穴,并迅速请医生前来处理。

8. 延迟性肌肉酸痛

运动结束后的1～2天,机体部分肌肉因肌纤维痉挛而酸痛的现象为延迟性肌肉疼痛。主要原因是由于运动时肌肉活动量过大,导致局部肌纤维及结缔组织的细微损伤,以及部分肌纤维的痉挛所致。这种酸痛现象只是局部肌纤维的细微损伤和痉挛,不影响整块肌肉的运动功能。

(1)症状表现

轻者肌肉僵硬、酸痛和自觉酸痛部位肿胀,有压痛;严重者肌肉全长发生疼痛,且以肌腹为主。24～48小时之内,酸痛达到高峰,之后可自行缓解,5～7天消失。

(2)预防措施

运动前充分做好准备活动,运动要循序渐进,合理把握运动强度及运动量,避免局部肌肉负担过重,锻炼后可对主要工作肌肉进行推拿按摩。

(3)处理方法

对酸痛部位进行热敷或按摩或口服维生素C以缓解症状,也可进行针灸、电疗。

9. 运动性中暑

运动性中暑是中暑的一种,由运动导致或诱发,指肌肉运动时产生的热超过身体能散发的热而造成运动员体内的过热状态。大都是因为在炎热的天气下长时间进行足球运动;身体疲劳、失眠、失水、缺盐;对高温环境适应能力差导致。

(1)症状表现

早期有头晕、头痛、呕吐现象。逐步发展为体温升高,皮肤灼热干燥。严重者可出现精神失常、虚脱、痉挛、心率失常、血压下降。过于严重的,甚至会昏迷,危及生命。

(2)预防措施

科学合理地安排训练和比赛的时间,夏季避免在上午9点至下午4点间运动,多休息。运动中适当饮用防暑降温的饮料;运动后注意补充适量的糖盐水。加强医务监督,合理选择运动服装与保护装置。了解运动性中暑的相关知识,及时检查身体反应、调整运动。

(3)处理方法

当有先兆或轻度中暑时,应迅速撤离高温环境,至通风阴凉处休息,解开衣领,并服用清凉饮料、浓茶、淡盐水和解暑药物等。对病情较重的患者,应立即移到阴凉处,让其平卧。根据不同的病情,分别处理:中暑痉挛时,牵伸痉挛肌肉使之缓解,并服用含盐清凉饮料;中暑衰竭时服用含糖、盐饮料,并在四肢做重推按摩。症状重或昏迷患者,可针刺人中、涌泉、中冲等穴,并迅速送往医院进行抢救。

第三节 运动营养的消耗与补充

一、运动营养的消耗

(一)糖的消耗

大学生在参加足球运动时,糖类是热能的主要来源之一,糖是运动过程中消耗最多同时也是最理想的能源物质,被称为运动中的"最优燃料"。它在运动中的利用程度决定了运动者是否能具备良好的耐久力,从而顺利完成规定的运动强度,达到一个很好的运动效果。糖类耗氧少、易消化,代谢的产物主要是水和二氧化碳,在运动时会随时被排出,补充不及时,就会形成供需脱节,在没有及时补充而又继续运动的情况下,对糖类的大量需要只能来自体内贮备的糖原,从而造成糖原枯竭,对于足球运动者来说非常不利。

(二)蛋白质的消耗

蛋白质是大学生运动营养中非常重要的一个部分,具有特殊的重要性。在参加足球运动过程中,运动者体内蛋白质的分解和合成代谢增加,蛋白质的消耗自然大增。这是因为运动使器官肥大、酶活性提高、激素调节活跃造成的。由于蛋白质食物的特别动力作用强,蛋白过多可使机体代谢率增高,并增加水分的需要量,所以运动前蛋白质摄入不宜过多。

(三)脂肪的消耗

脂肪是除糖和蛋白质外另一种维持运动员能量摄入均衡的物质,是运动中热能的主要来源之一。在足球运动状态下,机体对脂肪的利用显著增加,特别是在寒冷条件下的运动更是如此。

(四)水的消耗

水在运动时除了满足机体的基本运作之外,最重要的作用就是调节体热平衡,特别是在高温环境下参加足球运动,机体的产热量大幅度增加,通过出汗排除体内多余的热量,以维持机体正常的新陈代谢。运动时出汗的多少与运动项目以及气温、热辐射强度、气压、温度、单位时间运动量及饮食中的含盐量有关。水的耗费是通过大量出汗实现的,大量出汗对人体最直接的影响是脱水,使其机体降温能力下降,体温升高,循环衰竭;大量脱水会出现水电解质平衡紊乱、中暑,严重者甚至死亡。

(五)维生素的消耗

在参加足球运动时,体内物质代谢过程加强,对维生素的需要量也会增加。维生素的需要量与运动量、机能状态和营养水平有关。剧烈的运动可使维生素缺乏症提前发生或症状加重,并且对于经常参加足球运动的大学生来说,他们对维生素缺乏的耐受力比正常人差,所以运动应合理补充维生素。

(六)矿物质的消耗

在参加足球运动时,体内矿物质和微量元素的代谢均可能发生变化。运动量大时,尿中钾、磷和氯化钠排出量减少,而钙的排出量增加。如果运动者对负荷的运动量适应,体内矿物质的变动幅度将降低。

二、运动营养的补充

在参加足球运动时,及时合理的补充营养素是非常必要的。下面将讲述运动前、运动中、运动后营养补充的方法。

(一)运动前的营养补充

足球运动是高强度剧烈运动,要求参与者具备足够的耐力素质。在进行运动前,合理营养素补充能够提高运动效果。也可以为机体储备足够的肝糖原,保证整个运动的过程有足够的能量。运动前的饮食,要依据个人的喜好、习惯、适应的程度和参与的运动有所不同。具体的饮食要求和补充方法如下所述。

1. 运动前的饮食要求

在参加足球运动前,饮食要以高糖低脂低蛋白食物为主,例如面食、米饭和水果等,这些食物容易消化,又能提供糖类。作为运动时的能量来源,如果运动的时间超过 60~90 分钟,可以选择升糖指数较低的食物,如面食、运动饮料等较易消化的食物,能够迅速地提供糖类。含高纤维素的食物比较容易造成腹部不适,在比赛前应避免食用。

2. 补充营养的方法

营养的补充方法要依据不同的运动时间和不同的食物种类合理安排。以补充的营养和能量适量为基本原则,以免在运动过程中造成肠胃不适。

一般情况下,正常的一餐的食物需要消化 3~4 小时,份量较少的一餐需 2~3 小时,少量的点心只需 1 小时,这些情形依照个人在运动时对胃中食物的感觉不同而有差异,如果餐后立刻运动就会产生肠胃不适,因此,要选择合适的时机进行运动。另外,比赛前进食以七成饱为宜。如果比赛时对胃中的食物很敏感,则需要让食物有更长的时间消化,或进食更少的食物。

如果在足球运动过程中,身体起伏震动比较大,对胃内食物会更加敏感,少量食物也可能就会感到不适,这时就需要在比赛更早前进食,或是减少食物的摄取,以减轻这些症状。

很多大学生错误的认为运动中糖是主要能源物质,在运动前大量补糖会提高运动能力,但是在比赛前 15~20 分钟吃甜食或是高升糖指数的食物,例如运动饮料、面包、蜂蜜等,在比赛中更加容易发生低血糖,因为这些食物可刺激胰岛素的分泌增加,而比赛时肌肉耗能也增加,两者的增加会导致血糖急剧下降,从而影响运动能力。为避免出现这种情况,最好的方法是短时间的比赛(持续时间在 40 分钟以下)可在比赛前 5~10 分钟进食甜食,胰岛素的分泌无法在短时间内反应;而在比赛开始后,胰岛素的分泌会被抑制,不会对升高的血糖产生反应,也就不会有上述的血糖过低的症状发生。如果比赛的时间比较长,如足球运动,则宜在运动前 2 小时吃一些甜食或是高糖指数的食物,此时胰岛素增高的因素已不明显。

在补充营养时,要注意找到适合自己、最有效的食物和进食时间。因为没有任何一种食物是适合每一个人的。

（二）运动中的营养补充

足球运动中的营养补充要注意以下几个方面。

(1)足球运动训练或者比赛竞争非常激烈,因而运动员在比赛中会大量出汗,使体液处于相对高渗状态,运动中应选用含糖和含盐量低的饮料。

(2)在运动中补充营养,运动饮料要选择要含少量的钠盐,一般为18~25毫摩尔/升。

(3)除比赛前少量补水外,比赛中每隔15~30分钟补液100~300毫升。每小时补液量不大于800毫升为宜。

(4)比赛中的补液量一般为出汗量的1/2~1/3,通过称体重可了解失汗量,然后试验每失汗500毫升,补液2杯左右,找出自己能耐受的补液量。

(5)足球运动能量消耗较大,可在运动期间摄取一些容易消化和吸收的液体型或质地柔软的半流质食物,并且食物体积要小,以免影响正常的呼吸,可根据饥饿感选用。

(6)在运动过程中,饮料应以补水为主,15%的低聚糖饮料在比赛中收到了良好的效果。饮料的温度对胃排空影响不大,但温度较低的饮料(5℃~13℃)口感稍好。

（三）运动后的营养补充

足球运动过程消耗了大量的能量,因此在运动后要进行适当地营养补充,以尽快恢复体能。运动后的营养补充主要有以下几方面。

1. 水分的补充

在参加足球运动后,通常由于出汗和机体代谢消耗,导致机体大量水分的丢失。而比赛中补水,通常都少于丢失量。因此,运动后还需要进行不同程度的水分补充。水分补充的方法有很多种,以下介绍几种常用的方法。

(1)最直接的方法就是测量运动前后体重的变化,标准是每千克体重至少补充一升水。

(2)当不方便测量体重时,可以根据口渴的感觉喝水。但是大多数情况下,人的口渴感觉并不灵敏,即使身体已经处于缺水状态,仍然不会感觉口渴,即有意识脱水;或是虽然喝进去的水并不足以完全补充丢失的水分,但是已经足以缓解口渴。因此即使已经不觉得口渴,也至少还需要再喝2~3杯的水,才能补充足够的水分。

(3)还可以根据运动后排尿量和尿液颜色来判断水分的补充。如果在运动后的 1～2 小时中,排尿量很少或是完全没有,而尿液的颜色很深,这说明身体仍然处于缺水的状态,需要及时补水,直到排尿量恢复正常,而且尿液颜色变成很淡或是无色,这才表示身体内的水分已经足够。

2. 电解质的补充

汗液中主要的电解质是钠和氯离子,还有少量的钾和钙。进行了长时间的球类运动比赛,可在比赛后以淡盐水或运动饮料补充水分和电解质。一般比赛后电解质的丢失在正常的饮食中可得以补充。

3. 糖的补充

糖类是运动中的主要能量来源,在运动前和运动中的补充关系到运动能力的发挥,但是运动后也一样不能忽略了糖的补充。研究显示,在运动后 2 小时,身体合成肝糖原的效率最高,2 小时后则恢复到平常的水平。因此,要抓住这个补充糖类的最佳时机,充分利用这段高效率时段,迅速地补充体内消耗的肝糖原。

另外补充糖类还要根据运动间隔,如果下一次的运动训练或者比赛在 10～12 小时之内,这段高效率期间特别重要,因为如果错过这个时段,即使在后续的时间补充足够的糖类,身体可能也没有充足的时间完全补充消耗的肝糖原,使得体内的肝糖原存量一次比一次降低,易引起过度疲劳。若下一次运动在 24～48 小时后,即使错过这段时间,接下来只要着重于高糖类的食物的摄入,仍然有足够的时间补充所有消耗的肝糖原。

一般的建议是在比赛后 15～30 分钟之内吃进 50～100 克的糖类(大约是每千克体重 1 克),每两小时再吃 50～100 克糖类,直到进餐为止。正餐以及其他比赛期间的饮食也应该以富含糖类的食物为主。

4. 肌肉和组织的修复

在足球运动后会产生酸痛感,这是由于运动造成肌纤维和结缔组织的损害导致的。运动后迅速地补充蛋白质有助于修复受损的肌肉和组织,受损的肌肉合成和储存肝糖原的效率也会降低。所以参与足球运动后,或是运动中受伤的运动员,在运动后都需要补充更多的糖类,也需要把握运动后 2 小时的那段高效率期间,有效地补充体内消耗掉的糖原。

在运动后的营养补充,要根据每个人的自身习惯、爱好等情况的不同,选择合适的食物和需求量。一般比赛后比较容易接受各式饮料或是流质的食物以补充糖类和蛋白质,同时不要忘记补充足够的水分。如 800～1 000

毫升运动饮料;500 毫升纯果汁;3 个水果;6~10 片饼干;两个水果加一杯牛奶;两片面包加少许果酱和一杯牛奶。在大负荷量的比赛后,应避免喝酒。因为酒精会降低体内的水分,减少肝糖原的合成,还会影响受损组织的复原。

第八章 高校足球教学与训练的科学评价

足球教学与训练是高校足球教育工作的两个重要组成部分,教学与训练水平的提高对运动成绩的取得有着重要的意义和作用,而科学、合理的对教学与训练水平的评价则有助于运动水平的提高。本章主要阐述高校足球运动员的身体素质评价、技术能力评价和自我评价。

第一节 高校足球教学与训练的身体素质评价

良好的身体素质对于高校大学生更好地学习和掌握技战术,提高运动能力,减少运动创伤,以及培养顽强的意志品质起着十分重要的作用。

良好的身体素质是足球运动员提高自身竞技能力的基础,它随着运动员年龄的不断增长和生活条件的变化而发生改变。据调查研究显示,12—15岁年龄阶段是速度和速度力量自然增长最快的阶段,16岁之后便逐渐趋于稳定。专项耐力、有氧耐力,自然增长最快的年龄段是在12—16岁,17岁之后则逐渐趋于稳定。绝对力量自然增长最快的年龄段是12—16岁,16岁之后便逐渐趋于稳定。

良好的身体素质是足球运动员取得比赛胜利的重要条件。现代足球比赛的竞争越来越激烈,身体对抗强度越来越大,这使得足球比赛对运动员的身体素质要求也越来越高。因此,对运动员身体素质的科学、合理化的评价,有助于运动员身体素质的进一步提高。足球运动员身体素质评价主要包括力量素质评价、速度素质评价、耐力素质评价、灵敏素质评价和柔韧素质评价等几个方面。

一、力量素质评价

(一)原地双脚纵跳

测评目的:测试足球运动员的腿部向上的爆发力。

场地器材：一块平整的地面；一个摸高测量仪。

测评方法：受测试足球运动员站在墙边，将手臂尽量靠近墙面并努力向上伸，双脚脚跟不能离地，在指尖摸到的最高点做一个记号。然后受测试足球运动员离开墙边，尽力双脚同时用力做向上纵跳动作，再次在指尖摸到的最高点做一个记号。2个记号之间的距离就是所得的成绩，取3次测试中最好的成绩进行记录。

（二）立定跳远

测评目的：测试足球运动员腿部向前的爆发力。

场地器材：一块平整的地面；一把测量尺。

测评方法：受测试足球运动员应穿足球鞋，每人试跳3次，取最好成绩为最后记录。

（三）1分钟仰卧起坐

测评目的：测试足球运动员的腰腹力量。

场地器材：一块垫子；一块秒表。

测评方法：受测试足球运动员仰卧在垫上，两腿并拢屈膝约成30°角，两臂平放在大腿上，由测量者压住受测试足球运动员双脚踝部，起坐时双肘触及两膝即为成功一次。仰卧时，必须两肩胛骨触垫。测试者发出"开始"口令的同时，打开秒表进行计时，记录1分钟内受测试足球运动员正确完成动作的次数。需要注意的是，受测试运动员在测试时不得借助肘、手撑垫或臀部起落的力量。

（四）立定三级跳

测评目的：测试足球运动员腿部向前的爆发力和全身用力的协调性。

场地器材：一块平整的地面；一把测量尺。

测评方法：受测试足球运动员应穿足球鞋，每人试跳3次，取最好成绩为最后记录。

（五）掷界外球

测评目的：测试足球运动员上肢、腰腹部以及下肢的力量和协调性。

场地器材：一块平整的足球场；一把测量尺，一个足球。

测评方法：按比赛规则的要求，足球运动员进行界外球掷远，取两次中的最好成绩作记录。

第八章　高校足球教学与训练的科学评价

（六）1分钟俯卧撑

测评目的：测试足球运动员的上肢力量。

场地器材：一块垫子；一块秒表。

测评方法：受测试足球运动员双手和双脚尖撑地，呈俯卧姿势。接着双臂弯曲，身体下落，直至胸部接近地面，然后再将双臂伸直，还原成原俯卧姿势，至此完成一次动作。测量者记录受测试足球运动员在1分钟内正确完成的次数。另外，受测试足球运动员还应注意下落和上推时不要弓背。

（七）1分钟悬垂举腿

测评目的：测试足球运动员上肢、腰腹部、腿部的力量以及协调性。

场地器材：一副单杠；一块秒表。

测评方法：足球运动员双手握杠成悬垂姿势，双腿直腿连续快速上举，举腿必须超过90°角，测量者记录受测试足球运动员在1分钟内完成的次数，每人测试一次并记录成绩。

二、速度素质评价

足球是一项综合性的运动，不仅需要运动员具备连续地短距离快速冲刺跑的能力，同时还需要具备长距离冲刺跑的能力。除此之外，运动员还需要根据足球场上的具体情况做一些急停起动、急停变向等动作，这些能力的获得是与运动员的速度素质分不开的。足球运动员速度素质评价的方法主要有以下几种。

（一）3米侧滑步

测评目的：测试足球守门员快速横向移动的能力。

场地器材：在水泥或沥青地面上画两条相距3米的平行白线，中间1.5米处画一条细中线；一块秒表。

测评方法：每次2~4人（监测人相同），预备时，受测试足球运动员站在两条边线之间，后脚踩一边。听口令后，尽快在两条边线之间往返滑步跑。每次须一只脚踩到边线，计30秒踩到边线的次数。共测2次，记录其中最好的成绩。

受测试运动员在测试时应注意每次往返必须踩到边线,测试结果的记录可精确到0.5次,受测试运动员应穿胶鞋。

(二)30米直线不同间距绕杆跑

测评目的:测试运动员直线短距离快速跑动能力。

场地器材:一块平整的足球场地(图8-1);一根标志旗杆;一块秒表。

测评方法:受测试足球运动员站立式起动,自己决定开始跑动的时机,跑动时必须绕过每一根标志杆,跑2次,取其中最好成绩。

```
A                                              C
  4米  3米 3米 3米 2米 2米 3米 3米 3米  4米
B                                              D
```

图 8-1

三、耐力素质评价

(一)12分钟跑

测评目的:测试足球运动员的有氧耐力素质。

场地器材:一块田径场地;一把皮尺;一块秒表。

测评方法:受测试足球运动员在起点统一起跑,绕田径场尽可能快地连续跑12分钟,记录规定时间结束后跑动的距离。

(二)跑固定距离

测评目的:测试足球运动员的有氧耐力与跑动中的灵敏性。

场地器材:一块足球场地(图8-2);一块秒表。

测评方法:测试足球运动员的前进、侧向跑、后退、转身、障碍跑以及跳跃动作。该测试要求受测试的运动员在尽可能短的时间内完成四次测试循环。测试循环线路可设置在足球场的四周,测试循环线路的安排可以发生变化,但在重复测试时要尽量使用相同的场地设置。在测试中,测试者可以每隔15秒命令受测试运动员出发,直到测试达到8名运动员为止。

起点

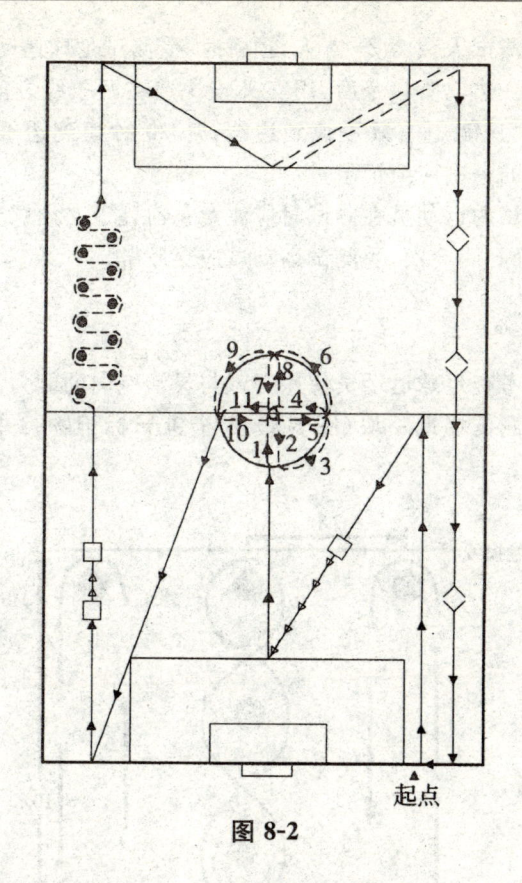

图 8-2

(三) YOYO 测试

YOYO 测试适合 U17、U19 高年龄组采用。

测评目的：测试足球运动员的有氧耐力。

场地器材：一块足球场地；一块秒表；一台录音机。

测评方法：受测试足球运动员在起点统一起跑,在画好的场地内,严格按照录音机播放的节奏进行跑动。

四、灵敏素质评价

(一) 3 米交叉步摸地

测评目的：评价足球守门员的灵敏性与协调性。

场地器材：在水泥或沥青地面上画两条相距 3 米的平行白线,中间 1.5 米处画一条细中线；一块秒表。

测评方法:测试人数为2~4人,预备时,受测试足球运动员站在两条边线之间,后脚踩一边。听口令后,用交叉步快速在两条线之间往返跑(始终面向一方),每次只能用一只手摸到边线,计30秒摸到边线的次数。测2次,取其中最好的一次成绩记录。

另外,受测试的运动员在测试时应注意每次往返必须踩到边线,测试结果的记录可精确到0.5次,受测试运动员应穿胶鞋。

(二)蛇形跑

测评目的:考查足球运动员快速奔跑与灵活变向的能力。

场地器材:测试场地一块(图8-3);8个锥形标记物;1把卷尺;1块秒表;笔和纸。

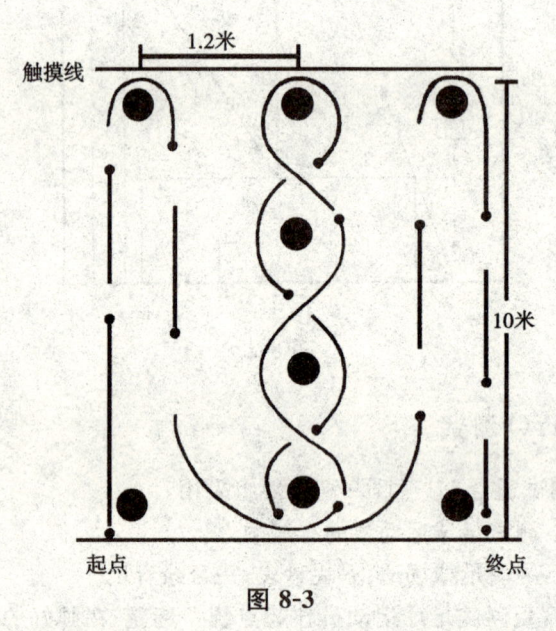

图 8-3

测评方法:受测试足球运动员趴在地上,腹部着地,双手与胸部平齐,任何体重都不能压在手上,双腿伸直,脚掌朝上,鞋钉不能着地。当听到"开始"口令后,受测试足球运动员应马上爬起,冲向触摸线,要求必须触线;然后按照上图8-3所示路线绕锥形标志物快速冲刺;绕过锥形标志物后返回触摸线,然后以最快速度跑向终点。测两次,取最好的一次记录成绩。

五、柔韧素质评价

高校足球训练的柔韧性素质评价主要是采用直立摸低的方法来进行。

测评目的:测试足球运动的身体柔韧度。

测评器材:台阶;卷尺。

测评方法:受试者站在垂直的台阶上进行测试。受试者两腿并拢伸直(膝关节不能弯曲),双脚并拢,脚尖与台阶前沿对齐,上体前屈,两臂伸直,双手沿台阶向下摸,指尖尽力向下摸。

计分时以台阶平面边沿为 0 点,向下为正值,向上为负值。测量受试者指尖摸到的最低点距 0 点的距离。23 厘米为优秀,18 厘米为良好,13 厘米为中等,7 厘米为及格。

第二节 高校足球教学与训练的技术评价

一、技术评价的标准和指标

（一）技术评价的标准

足球运动员技术能力评价的方法主要有实效性评价和合理性、经济性评价两种。取得优异的成绩是足球运动员进行运动技术训练的根本目的,同时这也是评价足球运动员技术能力的主要标准。为实现这一目的的过程是否符合生物学及心理学等规律,即合理性和经济性如何,也是评价足球运动员技能水平的一项重要标准。对足球运动员的技能评价,尽管运动员技能的实效性与合理性、经济性有着密切的关系,但是因为在足球比赛中往往受到对手的干扰和不可避免的偶然因素,良好的技术效果却不一定仅仅与合理、经济的技术完成过程成正比。因此,对足球运动员技能的评价,需要从实效性方面入手。

（二）技术评价的指标

1. 数量和质量指标

数量和质量指标是评价足球运动员技能的重要指标。运动员掌握足球技术的多样性和全面性反映的是数量,而技术完成的质量则由科学的评价方法进行评价,其评价的指标主要包括内部指标和外部指标两个方面。内部指标,主要是评价运动员掌握和运用的技术动作是否合理和经济。外部指标,主要是评价运动员运用的技术动作是否"实效"。在足球训练中,对足球运动员进行技能评价时,多采用质量评价这一评价指标。

2. 生物学和社会学指标

生物学和社会学指标也是足球运动员技能评价的重要指标。对足球运动员技能的评价,可从自然科学和社会科学的不同角度进行。如评价足球运动员的技术,不仅要分析其是否符合生物力学和生理生化规律,而且还要评价其是否符合美学规律等。一般说来,足球运动员技能评价常采用生物学评价指标。

二、基本技术评价的方法

(一)接球技术

测评目的:测验高校足球运动员接四方高低球的技术和传球的准确性。

场地器材:如图 8-4 所示,在球场或平坦的地面上画一条长度大于 5 米的白线。以白线为一边,在白线中段一侧画边长为 3 米的正方形接球区。接球区两边 1 米处各画 1 条与白线垂直的线,与接球区边线构成传球区。在白线中段的另一侧距白线中点 20 米处插 1 根高 1.5 米的标志杆,以杆为中心画半径为 1 米和 2 米的两个同心圆。准备一块秒表。

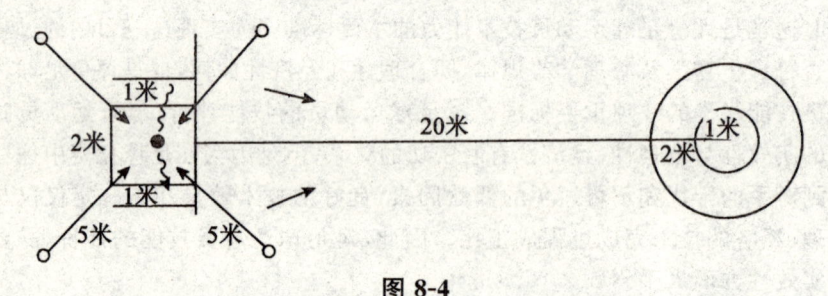

图 8-4

测评方法:受试者站在接球区内,接从接球区对角线的延长线 5 米处传来的高球(胸部以下)和低球(地滚球),然后迅速带球至传球区并踢向标志杆。打中标志杆和落点在中心圈内得 5 分,落点在外圈得 3 分,落点在圈外不得分。要求接球后分别向右、左传球区带球 1 次,用右、左脚各踢 1 球。每 4 球为 1 轮,共测 3 轮 12 个球。从第一个球进入接球区开始计时,到第 12 个球踢出时停表。限时 1 分钟。在传球区外踢球扣 1 分,记录受试者的所得总分。

注意事项:没有在接球区接到球,需要运回区内再带往传区踢准;传球者需及时将球传出。

(二)运球技术

1. 折线运球

测评目的:测验运动员尽可能快地从起点运球经过折线运球到达终点的能力,以及运动员折线运球速度的快慢。

场地器材:如图 8-5 所示,在平整的足球场上划两条间距为 9 米的平行线,在平行线上分设 A、B、C、D、E、F6 个点,每条线上各点之间的距离不等。

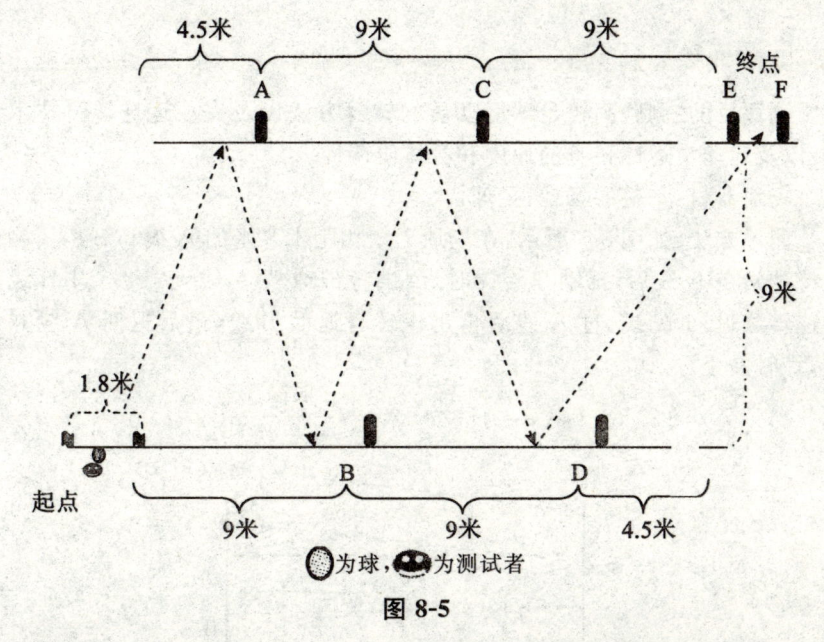

图 8-5

测评方法:球员站在起点线后,球动开表计时,球员按虚线轨迹带球,在各个标志前过线后折线变向运球,在 E、F 之间的终点线之外踩停住球,停止计时。

注意事项:球不能触碰两条线上的标志;球的整体在运球折返时必须越过标志前的线;队员、球不得绕过标志。

2. 折返运球过杆

测评目的:测验足球运动员掌握运球技术的熟练程度。

场地器材:在平整的场地上距离划两相距 20 米的线,两条线中间插 10 根距离不等(1~3 米)的标杆;一块秒表。

测评方法:听测试者口令,测试者从端线起运球,开表计时,从左右两侧依次过杆,往返运回到端线,人球到线时停表。测两次,取最好的一次成绩记录(图 8-6)。

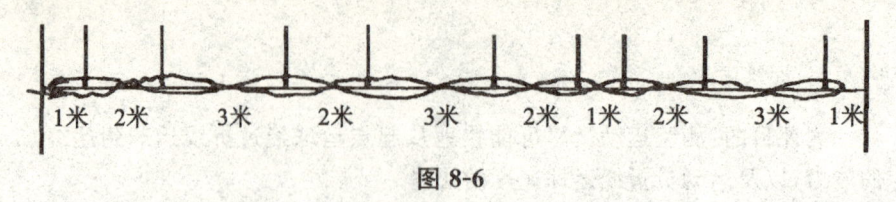

图 8-6

注意事项:受测试者不得将标杆碰倒;漏杆者须补过杆;计时精确到 0.1 秒。

3. 运球转身

测评目的:测验高校足球运动员的转身方法以及完成运球转身技术动作,以及运动员运球转身的速度和身体协调性。

场地器材:平整的场地;足球。

测评方法:如图 8-7 所示,在场地上划相距 4.5 米的 A 线和 B 线。测试者持球站在 A 线后,球动开始计时,测试者带球从 A 线到 B 线,过 B 线后迅速转身返回 A 线,过 A 线后再迅速转身返回 B 线,最后返回 A 线并停球,计时停止。

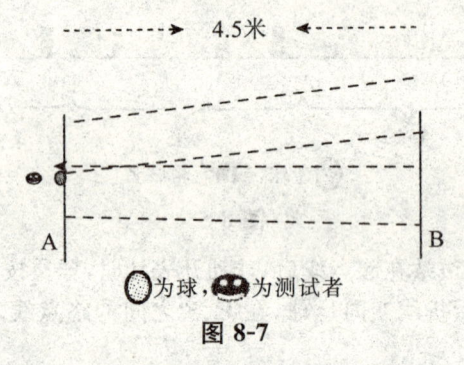

图 8-7

注意事项:运动员在 1 组测试中需完成 3 个相同的转身技术动作;每个运动员测试 3 组,取 3 组测试成绩之和为最后成绩;测试中,运动员每组的转身技术动作不能相同;运球过程中如出现滑倒、自我放弃、转身不过线等情况,均算失败。

(三)传球技术

1. 吊圈传准

测评目的:评价大学生足球运动员的传球准确性。

场地器材:如图 8-8 所示,在足球场上划出一个外圆半径为 4 米,内圆的半径为 2.5 米的双环,在与双环相距 20~40 米的地方划出一个矩形作为传球区。

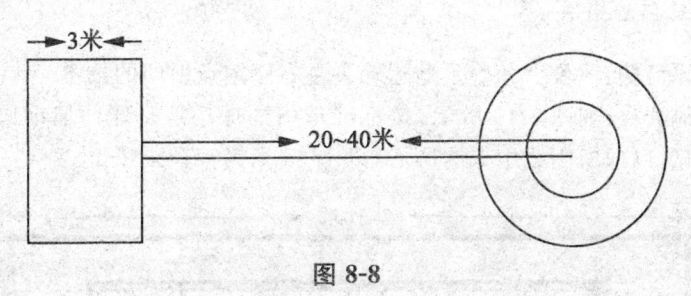

图 8-8

测评方法:测试者将足球放在第一条线上,向传球区内拨球,随后跑上去向圈内传球,让球保持运动状态,每人踢 5 脚。进球第一落点在小圈得 2 分;进球第一落点在大圈得 1 分;未传到圈不得分。

注意事项:测试者必须用脚背内侧踢球。

2. 三角形地滚球传准

测评目的:评价足球运动员传接地滚球的能力。

场地器材:如图 8-9 所示,在平整的场地上划出一个 3 个直径 5 米的圆圈构成 3 个测试区域(A 区、B 区和 C 区),每两个区的中心之间距离为 17 米,3 个测试区域共同构成一个等边三角形;一个足球。

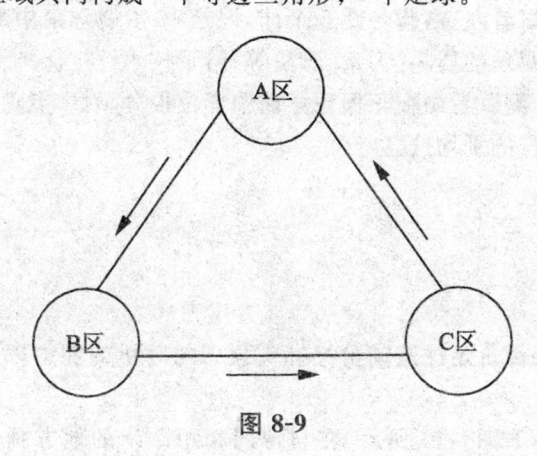

图 8-9

评价方法:将受测试者分成 3 个小组,每组 1 名运动员。3 名受测试者分别站在三个测试区内。测试开始,A 区运动员持球,将球按逆时针方向传给 B 区运动员,B 区运动员再将球传给 C 区运动员,依次重复。测试时间为 30 秒,计 30 秒之内的传球次数。

注意事项:传球部位不限;球传出或弹出测试区外则快速运球回到测试区内继续传球。

3. 球门墙射准

测评目的:评价大学生足球运动员左右脚定点射门的技术。

场地器材:如图 8-10 所示,按标准球门画球门墙。球门墙前画罚球区和罚球弧,以球门底线中点为圆心,以 16.5 米为半径画弧。

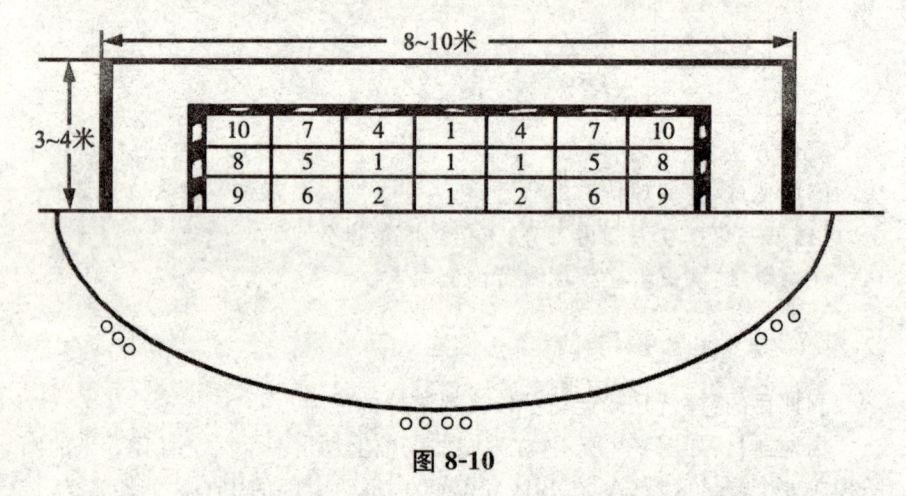

10	7	4	1	4	7	10
8	5	1	1	1	5	8
9	6	2	1	2	6	9

图 8-10

评价方法:在罚球弧线外侧放 4 个足球,罚球区两角弧线的外侧各放 3 个足球。受测试者左、右脚各踢 5 个球,记录 10 次踢球射中部位的总得分,再由教练根据踢球的质量(力量、脚法等)给予技术评定。

注意事项:测试者站在正面观察射中部位报分,射中点正压在区分线上的球记录两部位的平均分。

(四)射门技术

1. 头顶球射门

测评目的:评价足球运动员把握头顶球的时机的能力以及头顶球射门进球的能力。

场地器材:如图 8-11 所示,在与球门相距 2 米的地方画一条直线作为抛球限制线,根据运动员年龄,分别距球门线 10 米、12 米处画头顶球用线,在距头顶球线 6 米的地方画助跑限制线。

第八章 高校足球教学与训练的科学评价

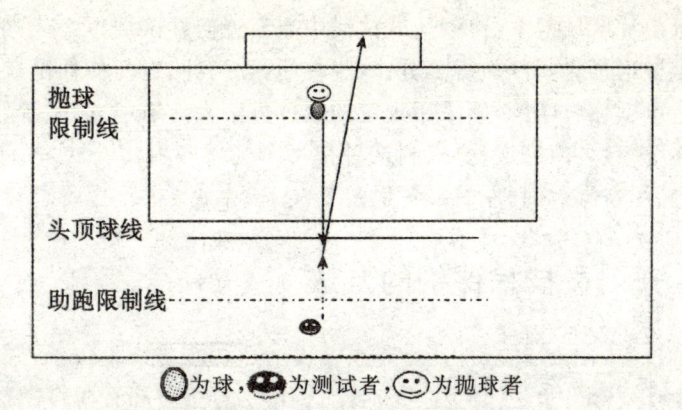

[图示：抛球限制线、头顶球线、助跑限制线]

◯为球，☻为测试者，☺为抛球者

图 8-11

测评方法：测试者站在助跑限制线外，抛球者抛球后，测试者助跑在头顶球线前顶球射门。每个测试者限顶 3 次，球直接进门计 1 分，球弹地进门计 2 分，球弹地两次以上（含两次）不计成绩。

注意事项：测试者必须站在助跑限制线外；抛球者抛球的质量不好，测试者可以不顶，重抛球；测试者判断好球落点，助跑并在顶球线前利用头顶球射门。如果在顶球线内顶球则不计成绩。

2. 踢球射门

测评目的：评价运动员利用脚背内侧和脚背正面射门的能力。

场地器材：如图 8-12 所示，球门中心设一锥形桶，两球门立柱外侧 2 米处各设置一锥形桶。罚球区线内 2 米处画 1 条标志线，罚球区线与球门区延长线外画 1 个长 3 米，宽 2 米标志区。

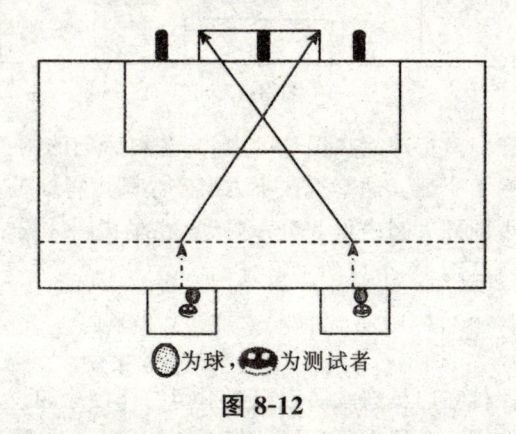

[图示：球门与射门场地布置]

◯为球，☻为测试者

图 8-12

测评方法：测试者持球站在罚球区外标志区内，计时开始后，持球队员踢球进入罚球区，不超过标志线，在球滚动过程中起脚射门。球射入球门线

· 175 ·

中点至远门柱区域得 3 分;射入球门线中点至近门柱区域得 2 分;射入球门远门柱至锥形桶之间区域得 1 分;球踢在门梁、门柱、近门柱外得 0 分。

注意事项:测试者必须采用规定的踢球方法大力射门;测试者的 6 次射门必须在 25 秒之内完成;要求测试者在每个区域各射门 3 次,左侧用左脚射门,右侧用右脚射门,左右脚各射门 3 次。

三、守门员技术评价的方法

(一)持球踢准

测评目的:评价守门员脚踢发球的准确性。

场地器材:如图 8-13 所示,选择一块标准的足球场地,在球场中圈里画一个直径为 5 米的圆,在两边线和中线相交的两角分别画出边长为 5 米和 8 米的两个正方形。

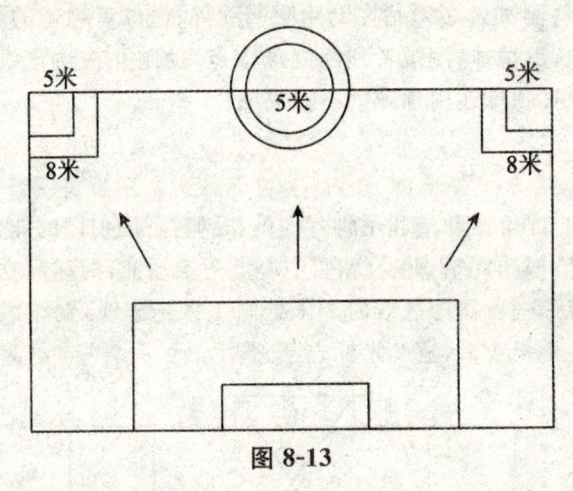

图 8-13

测评方法:守门员持球战在罚球区内,向左右后场的两正方形内各踢 3 个球,向中圈内踢 4 个球。球落点在小方形及小圆内得 3 分;球落点在小方形外大方形内、小圆外大圆内得 2 分;球落点在场内得 1 分;球落点在场外得 0 分,记录守门员踢 10 个球的总得分。

(二)防守定点射门

测评目的:评价守门员连续防守定点射门的扑接球的技术能力。

场地器材:选择一个标准足球场。如图 8-14 所示,在罚球区内,以球门底线中点为圆心,以 16.5 米为半径画弧。

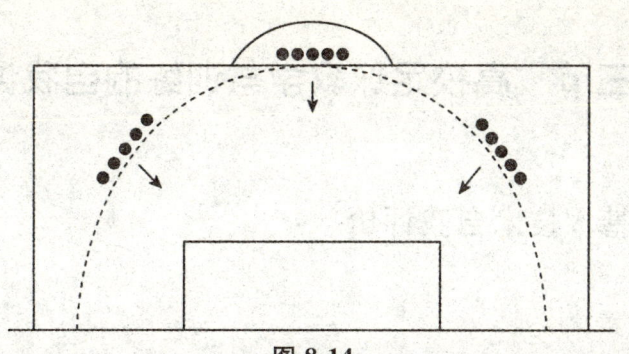

图 8-14

测评方法：在罚球弧及罚球区两角弧线后各放 5 个球，射手根据计时员每隔 3 秒所发出的口令，依次用各种力量、角度、脚法射门。守门员接到球后从左右两侧将球抛出。记录并计算防守员防守的成功率。由教练对射手射门的平均质量作出优、良、中、差评定，分别对防守成功率乘以 1、0.9、0.8、0.7，计算守门员的得分，记录防守定点射门的成功率（取整数）。

注意事项：射手将球踢出界需补踢；出界球守门员手触到球也算防守成功。

（三）扑定点球并发球

测评目的：测评守门员扑定点球、退守速度、手抛发球的准确性。

场地器材：如图 8-15 所示，在标准的足球场中，球门区内罚球区两角连线的延长线外 5 米处为圆心画直径为 2 米的两个圆；在球门区两角各放 4 个球；一块秒表。

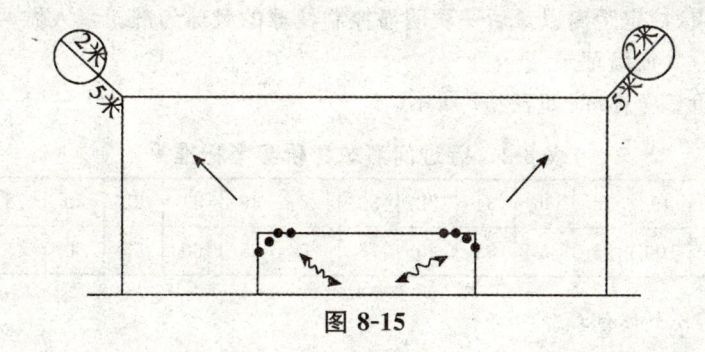

图 8-15

测评方法：守门员从球门底线中点出发计时，先向右倒地扑右角球后起立，用于发往右方圆内。倒退或侧向跑回球门底线中点，再扑左角球起立，用手发往左方圆内，直至 8 个球发完返回球门底线中点时停表。每一个球落点发到圆外加计 1 秒，记录完成的总秒数。

第三节　高校足球教学与训练的自我评价

一、基本技术自我评价

（一）颠球

1. 原地颠球

测评方法：受测试者连续进行颠球，球落地或手触球则判颠球结束，以球碰触身体各部位次数的多少来评定成绩。每人做两次，取最好的一次成绩记录。

评价参考标准：如表 8-1 所示。

表 8-1　原地颠球评价参考标准[①]

次数	50	40	30	25	20	15	13	11	9	7	5	3	2
得分	100	95	90	85	80	75	70	65	60	55	50	45	40

2. 行进间颠球

测评方法：受测试者可用头、肩、胸、大腿、脚等部位进行向前行进、连续颠球，根据行进间连续颠球的距离长短计算成绩，球落地或手触球视为一次颠球结束，核定距离以最后一次明显控制住球的触球为准。每人做两次，取最好的一次成绩记录。

评价参考标准：如表 8-2 所示。

表 8-2　行进间颠球评价参考标准[②]

距离(米)	40	38	36	34	32	30	28	36	34	22	20	18	16
得分	100	95	90	85	80	75	70	65	60	55	50	45	40

3. 12 个部位颠球

测评方法：受测试者用头、肩、胸、大腿、正脚背、脚内侧、脚外侧等 12 个

---

① 周雷．足球．北京：高等教育出版社，2004
② 同上

部位颠球。在触球部位进行交换时,可用其他任何部位进行调整,如从大腿到头时可用正脚背作为调整。12个部位触球不要求顺序;以能触到球的部位为计算成绩。球落地或手触球视为颠球结束。每人两次,取最好的一次成绩记录。

评价参考标准:如表8-3所示。

表8-3　12部位颠球评价参考标准①

部位	12	11	10	9	8	7	6	5	4	3	2
得分	100	95	90	85	80	75	70	65	60	50	40

(二)运球

1. 接球和运球结合的测试

场地器材:在球场上画两条相距5米的平行线,两条平行线的长度均在5米以上,规定一条线为起点线。

测评方法:受测试者从起点线处抛球,球的落点必须在另一条线外,然后快速跑向落点并按照规定动作接反弹球后转身将球带回起点线,然后再抛、再接、再带,共往返六次。以第一次抛球到最后一次带球抵达起点线的总时间和受测试者对球接动作技能来综合评定成绩。受测试者测两次,取最好的一次成绩记录。

注意事项:受测试者接反弹球规定的动作是双脚脚内侧、双脚脚背外侧、双脚脚前掌各一次。

评价参考标准:如表8-4所示。

表8-4　接球、运球结合评价参考标准②

时间	38″	38″5	39″	39″5	40″	40″5	41″	41″5	42″	42″5	43″	43″5	44″
得分	100	95	90	85	80	75	70	65	60	55	50	45	40

2. 运球绕杆射门

场地器材:在足球场罚球区线中点两侧50公分处各画一条垂线。场地上插六根标杆,在右侧垂线上距罚球区线2米处插一根标杆,在距左侧垂线

---

① 周雷．足球．北京:高等教育出版社,2004
② 同上

2米处插一根标杆,在距右侧垂线2米处插一根标杆,在距起点为12米处插一根标杆。标杆固定垂直插在地面上,插入深度不限,以受测试者碰竿不倒为宜,竿高至少1.5米。也可用标志桶代替标杆。

测评方法:受测试者从起点线开始运球,脚触球的一刻开表计时。运球逐个绕竿后射门,球越过球门时停表。每人做两次,取最好的一次成绩记录。运球漏竿或未射入球门内的视为成绩无效。射中球门横木或立柱的可补测一次。

(三)踢定位球

1. 定位球传准

场地器材:以一面1.5米高、插有彩色小旗的标志杆为圆心,以3米和6米为半径分别划两个同心圆。以插有彩旗的标志杆作为传准的目标。根据运动员水平的高低,两个同心圆的半径可适当地缩小或扩大。以25米长为半径,以插有彩旗的标志杆为圆心向任何方向划一条25米的长弧作传球限制线。

测评方法:受测试者将球放在限制线上,用脚背内侧向圈里传球,观察球的第一落点,根据不同的落点位置给予相应的不同的分值。

2. 定位球踢准

场地器材:场地在距"足球墙"下沿中心20米处画一条平行于"足球墙"下沿的3米长的限制线。

测评方法:受测试者将球放在限制线上,向足球墙踢球。教师根据运动员的踢准情况进行成绩评定。

注意事项:球可以擦着地面射到墙上,但不能踢地滚球。

二、运动能力评价

运动能力是足球运动员参与足球比赛的重要基础。在激烈的足球比赛的最后,往往是足球运动员体能的较量。运动能力作为衡量指标,可用于具体的评价指标进行测试。

(一)足球运动员体能评价

体能评价是足球运动员运动能力评价的主要内容。足球足球运动员可根据每天有规律的生活方式,算出相应的活动指数(表8-5),再根据总得分(总得分＝强度×时间×次数)区分体能的类别(表 8-6),如果指数总得分低于 40 分,就需要相应地增加足球运动锻炼时间、锻炼强度和锻炼次数。

表 8-5 足球运动员活动指数表

指标	分值	日常活动
时间	4	超过 30 分钟
	3	20～30 分钟
	2	10～20 分钟
	1	低于 10 分钟
强度	5	持续用力呼吸和出汗
	4	断续用力呼吸和出汗
	3	中度用力呼吸和出汗
	2	中等强度
	1	低强度
次数	5	每天或几乎每天都活动
	4	每周 3～5 次
	3	每周 1～2 次
	2	1 月数次
	1	1 月不超过 1 次

表 8-6 足球运动员体适能类别对比表

总得分	评价	体适能类别
100	积极活动的生活方式	优秀
80～100	活动的和健康的	良好
60～80	活动的	好
40～60	较满意	一般
20～40	不很够	差
低于 20	不活动	很差

(二)足球运动员技术和战术运动能力的评价

1. 运球

足球运动员运球技术能力的级别认定如表 8-7 所示。

表 8-7　足球运动员运球技术能力的级别认定

等级	级别认定
优良	技术动作运用正确,有自己的动作特点,运球目标明确,战术意识强,时机掌握适当,能充分利用运球技术优势发起个人的突袭性进攻,展现个人才华,能直接构成一次有威胁的进攻性运球
合格	能摆脱紧逼防守或在中前场摆脱防守干扰,为寻找合适的传球、射门机会而主动或被动发起一次运球。在运球的过程中获得较好进攻机会与效果的可记入优良,如果主动运球造成严重失误的可记入下一等级
差	运动员个人运球心态不正确,爱表现自己,目的性不明确,战术意识差,以及运球时机选择有误,浪费有利运球时机或酿成一次险情,造成严重后果的

2. 传球

足球运动员传球技术能力的级别认定见表 8-8 所示。

表 8-8　足球运动员传球技术能力的级别认定

等级	级别认定
优良	传球脚法基本正确,在特定的比赛场景中传球时机、地域选择合理,动作较为规范,符合传球技术意识要领,队员接球顺利且默契,传球落点到位,有直接或间接的进攻威胁性
合格	传球技术动作基本正确,传球技术运用也基本合理,有一定的对时空控制及相互配合的意识,能完成一般性的进攻推进,或经传球后使本方的处境获得改善
差	技术动作一般且出现了变形现象,不符合传球技术的意识,有脚法、时机选择不当的传球,并造成准确性极差的传球,甚至出现被对方截断给本队造成威胁的传球

3. 接球

足球运动员接球技术能力的级别认定见表 8-9 所示。

表 8-9　足球运动员接球技术能力的级别认定

等级	级别认定
优良	能按照接球技术动作的意识实施要求,在特定的比赛环境中,正确理解运用接球超前性、战术性、风险性的配合要求,并能巧妙地运用接球与传球的实用传接球技术动作,出色完成传接球配合,形成一次有默契的进攻性接球,或者按技术动作要领顺势过人形成进攻前奏场景的接球
合格	能够按照一般的接球技术动作要求处理来球,在接球的同时,注意相应的目标,有传球的意识,在对手逼迫的情况下,也能完成接球动作,不失误
差	不能稳定地、稳妥地按动作技术要领接球,对来球判断失误使接球技术动作运用有误,导致失去控球权或让对方形成有威胁的进攻

4. 射门

足球运动员射门技术能力的级别认定见表 8-10 所示。

表 8-10　足球运动员射门技术能力的级别认定

等级	级别认定
优良	能主动创造出或把握住赛场上的射门时机,射门技术动作基本合理正确,行动果断。为鼓励运动员多射门,增加射门的次数,凡各种射门包括抢点、凌空射门、铲射、补射、抢点头顶球,无论是否进球,都应该算。其他如符合战术意识,跑到位的有感觉的射门,也应该算
合格	能在一般情况下运用标准的常规性技术动作进行射门,在射门时能够做到一气呵成,能做出较为合理的各种射门动作,如顺势拨球起脚射门,跳起头球射门,能完成有质量的远距离射门
差	在封堵严密、射门死角、距离过长等情况下勉强射门,或者错过良好的射门时机等,射门时技术动作不合理,造成出球无力和射门射飞

5. 防守

足球运动员防守战术能力的级别认定见表 8-11 所示。

表8-11　足球运动员防守战术能力的级别认定

等级	级别认定
优良	具有良好的防守意识,根据场上的需要,进行超前意识的抢位、占位、补位,在丢球后,能快速地、及时地明白自己所处的位置,延缓对方进攻或增强本队的防线,力争扼制对方的快速反击,在技术动作上能合理运用紧逼、堵截、抢断等技术,任何破坏对方进攻的行为都应视为成功的防守
合格	防守的跑位正确,有一定的防守意识,能做到合理的抢位、占位、补位,能通过场上正确的防守技术动作进行紧逼、堵截、抢断,延缓对方进攻速度,没有影响全局的防守失误
差	基本没有防守意识,反应迟钝,抢位和占位不及时,或抢位时发生与防守队员"重叠"现象,或在回撤时发生方向路线判断失误等,造成被对手抓住战机,利用出现的防守空隙,进行有效的、有威胁性的进攻

参考文献

[1]何志林.足球.北京:人民体育出版社,2004

[2]王崇喜.球类运动——足球.北京:高等教育出版社,2005

[3]周雷.足球.北京:高等教育出版社,2004

[4]张瑞林.足球运动.北京:高等教育出版社,2005

[5]何志林.足球教学训练工作指南.北京:人民体育出版社,2010

[6]秋鸣,赵人英.足球"ABC":青少年足球基础训练.北京:北京体育大学出版社,2009

[7]李吉慧.现代足球训练理论与实践.北京:人民体育出版社,2008

[8]朱宏庆.足球技战术分级教学研究.济南:山东大学出版社,2010

[9]谷明昌.现代足球理念.北京:人民体育出版社,2005

[10]汤信明.足球运动教学与训练.武汉:华中科技大学出版社,2012

[11]张岳,李新荣等.初高级足球重点技战术解析.北京:中国商务出版社,2008

[12]全国体育院校教材委员会审定.现代足球.北京:人民体育出版社,2006

[13]刘丹,赵刚.青少年足球训练纲要与教法指导.北京:人民体育出版社,2011

[14]赵文娟等.大球运动技战术分析与训练方法.北京:中国商务出版社,2009

[15]樊文刚等.球类运动教学与训练.北京:中国商务出版社,2009

[16]马铮.高校足球学练方法解析.哈尔滨:哈尔滨地图出版社,2009

[17]张旭东.足球.重庆:西南师范大学出版社,2006

[18]刘亚云,黄晓丽等.大球运动.长沙:湖南师范大学出版社,2007

[19]陈德敏,蔡舸.足球.北京:北京体育大学出版社,2004

[20]曲晓光.现代足球训练理念诠释与应用.广州:华南理工大学出版社,2009

[21]黄竹杭,王方.足球训练设计.北京:高等教育出版社,2010

[22]陈松娥.运动健身与合理营养.长沙:湖南大学出版社,2007

索 引

足球运动　　　　　1、2、3、4、5、7、12
足球教学　　　　　14、15、16、17、18、19、21、22、23、24
教学大纲　　　　　27、28
教案　　　　　　　28、29、30
教育理念　　　　　32、34、35、36
高校足球训练　　　38、40、43、48、52
训练负荷　　　　　48、50、51
训练计划　　　　　52、53、54、55、56、57、58
足球运动技术　　　60、61、63
足球战术　　　　　92
足球体能训练　　　119、120、122
心理素质训练　　　132
运动性疲劳　　　　137、138、139、140
运动性损伤　　　　142、143
运动性疾病　　　　150
运动营养　　　　　157、158
素质评价　　　　　163、165、166、167、168
技术评价　　　　　169、170、176